2019、2020 东南大学研究生课程设计
轨道交通站点综合体空间模式研究丛书

市 郊 站 点
轨道交通站点综合体空间模式创新研究
SUBURBAN STATIONS
Research on Innovation of
TOD Complex Space-model

朱渊 黄向明 叶如丹 杨柳 等著

东南大学出版社 · 南京

序

随着我国城镇化进程的快速发展和交通强国战略的提出，我国轨道交通迎来了全新的发展时期。从线网规划到站点城市设计、从宏观的城市交通脉络到微观站点的城市触媒，让轨道交通在城市群、都市圈的发展中起到了空间结构的引导作用。

1863年1月10日，世界上第一条地铁于伦敦开通。1970—1980年代，随着全球经济的腾飞，公共轨道交通的发展在全球城市的发展中起到了网络连通的支撑作用。东京、伦敦、巴黎、新加坡、中国香港等城市轨道交通的发展，让我们在大量的成功案例中看到了城市轨道交通为城市发展带来的巨大触媒效应。1908年，中国第一条有轨电车在上海建成通车，中国的轨道交通随之快速发展。近年来，相关研究与实践也在城市的发展中大范围展开，大量的设计、运营、管理、融资等一系列研究在实践中逐渐完善，并深度融入城市设计与发展中。

轨道交通作为激发城市的社会、经济、信息进一步紧密关联的重要触媒，缩短了物理距离和时间距离，让人流、物流、信息流通过网络系统便利连通，让城市在共享的基础上高效发展，逐渐形成动态发展的城市与社会的网络系统。轨道交通作为促进城市间要素流动的关键因素，对人口、产业的空间转移和合理分布影响较大。轨道交通具有"流动"的特性，一方面为城市发展提供了便利的出行，另一方面作为城市切片融入城市多维影响机制，对城市结构空间发展起到了重要作用。

城市轨道交通目前是国际公认的低能耗、大运量的绿色交通。在全球低碳发展的大背景下，轨道交通以速度快、效率高、污染小等优点，成为当今缓解城市交通压力、促进低碳城市发展、推动经济高效发展的重要动力之一。安全、高效、绿色、智能、人文的城市轨道交通系统是未来公共交通发展的主要方向。我国城市轨道交通建设正处于快速发展的黄金时期，无论是城市主城轨道交通的发展还是都市圈近郊线网的发展，均需要在快速的城市发展中精细地考虑轨道交通为城市带来的重大推动力。因此，如何进一步优化线网格局，如何进一步体现轨道交通换乘的便利，如何高效地发挥地块空间价值，如何突破各种管理瓶颈实现互联互通，如何创造健康、舒适、宜人而具有愉悦感的城市空间等，均成为轨道交通发展中需要在城市、交通、建筑、经济等不同专业的协同下进一步合作解决的方向。

本书课题基于东南大学与天华集团校企联合课程。实践课程在教育中的地位逐渐凸显，针对城市发展的重要问题，高校与企业共同进行有针对性的教学研究，成为高校教育发展的特色模式之一。本书课题在轨道交通发展的主题下，结合基于实践的站点设计，拓展性、系列性地探讨核心空间、地下空间、市郊站点等研究专题。校企联合课程实践一方面让研究能尽快地融入实践进行检验，另一方面也让校企合作平台逐渐走向成熟，在教学中创造出更多的研究、实践和校企深度合作的机会。

本书作为TOD系列实践教学的第二本成果，包括了对全球知名轨道交通站点的调研总结，也包括了面向未来城市轨道交通发展的思维拓展，通过实践教学逐渐清晰地梳理相关领域的探索成果，对理论与实践结合具有较强的指导意义。

中国工程院院士
东南大学建筑学院教授

前　言

国家统计局数据显示，30多年间中国城镇化率已经从1978年的17.9%发展到2020年的60%以上。联合国发布的《世界城镇化展望（2007）》，预计我国在2030—2040年城镇化率将达到70%~80%。随着我国快速城镇化的进程，"城乡一体化"成为都市圈发展的重要方向。中共中央、国务院发布了2015年中央1号文件，承诺进一步协调城市与农村的发展，缩小城乡差距，以寻求城乡一体化的协调统筹发展。

2018年发布的《国务院办公厅关于进一步加强城市轨道交通规划建设管理的意见》（国办发〔2018〕52号）强调了我国城市轨道交通发展对提升土地使用价值应起到重要作用。2019年发布的《国家发展改革委关于培育发展现代化都市圈的指导意见》（发改规划〔2019〕328号）提到，在城镇与乡村同城化发展目标中，都市圈是在城市群内部，以超大、特大城市或辐射带动功能强的大城市为中心、以一小时通勤圈为基本范围的城镇化空间形态。因此，市郊轨道交通的发展，在承载了交通连通基本功能的同时，更是在都市圈、经济带、城市群的发展中起到了至关重要的结构整合与引导的作用。因此，《国务院关于深入推进新型城镇化建设的若干意见》（国发〔2016〕8号）明确提出"加快城市综合交通网络建设……优先发展公共交通。大城市要统筹公共汽车、轻轨、地铁等协同发展，推进城市轨道交通系统和自行车等慢行交通系统建设，在有条件的地区规划建设近郊铁路，提高道路的通达性"。这让市郊轨道交通的发展成为国家宏观战略中重要的一环。

市郊轨道交通的发展方式、区位、特色类型众多，当轨道的发展需要和城市间的连接产生重要关联，则需要从更为精细化、多层级、全链条的角度，展现特有的多维特性。无论是宏观的轨道线网规划的发展，还是站点、站域空间的城市建设与发展，抑或是周边慢行交通空间中景观系统的建立，均是市郊站点建设中需要被重点讨论的话题。当我们将都市圈的发展过程拉成一条长线，轨道的发展则是这条长线上的一个动态片段。如何让这个片段的发展对"长线"产生长效影响，并在"长线"的变化中与之不断相互适应、逐渐生长，成为市郊线研究的思维起点。这也是在已知与未知的城市发展规律下进行探索和修正的互动阶段，从而让实时的设计保留某种弹性，并在这种弹性中促发与基本需求和刚性发展协同演进的实践机会。

因此，本书研究是从轨道交通站点设计的基本原理中找寻可以被进一步拓展讨论和发展的方向，让未来的预知在当下的实践中形成可以被进一步探索的空间。而当下的轨道交通实践也在对未来的预期中成为可以被进一步思考、优化和更新的对象，让传统的思维呈现全新的解读视角，在批判与推展中寻找更多的设计、研究和拓展的机会。

可以看出，针对市郊线网发展的研究承载了在都市圈引导下的重新聚焦、在多元站域城市发展下的视角扩展以及在空间一体化的站体建设下的感知体验。这也是在教学的引导中可以不断与实践触碰的思维起点。

朱　渊

2021-09-01

目 录

序

前言

聚焦 001

  边缘的网：市郊轨道交通站点网络化特性浅析 | 朱渊   002
  从巴黎之腹到热带雨林 | 顾越   010
  效能驱动的 TOD 站域空间研究：市郊轨道交通站点城市设计研究生设计课程简述 | 朱渊   020
  轨道交通站点影响域城市设计教学与实践：设计与模拟相结合的方法探索 | 杨柳   028

案例 035

  日本 TOD 调研案例   037
  上海 TOD 调研案例   065

视角 092

  TOD 2050   098
  共享 TOD   114
  慢行 TOD   128
  城市变速器   150
  10 min 轨道慢行圈   166
  市郊"消融"   182
  社区 TOD   198
  P+TOD   224
  共享 TOD   244

花絮 267

后记 279

聚　焦

The Edge Network: Analysis of Network Characteristics of Suburban Rail Network | 边缘的网：市郊轨道交通站点网络化特性浅析

Yuan ZHU | 朱　渊

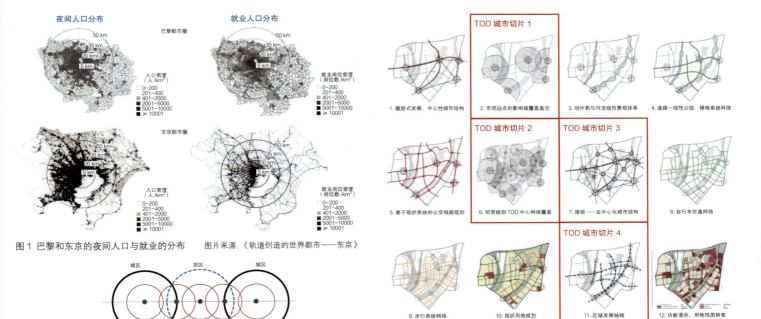

图1 巴黎和东京的夜间人口与就业的分布　图片来源：《轨道创造的世界都市——东京》

图2 市郊线引导下从市区到边缘的联系，让城市之间的市郊轨道交通沿线区域成为可以被不断发生正向效应的和重新定义的区域　图片来源：笔者自绘

图3 作为轨道介入下的城市切片的叠加，已知的叠加和未知的预留将影响城市结构的主导变化　图片来源：笔者+王浩等绘制

随着中国城镇化的快速发展，以交通为导向的城市发展与空间价值的提升，在市郊融合和城乡一体化的发展中起到了重要作用。东京的轨道交通占全部公共交通出行总量的77.7%，其中市郊轨道交通占公共交通出行总量的65.5%[1]。从巴黎和东京的夜间人口与就业的分布可以看出，市郊线发展带来的城市空间格局和人流特征的变化，使都市圈在动态的平衡中形成稳定而极具活力的发展模式（图1）。

在市郊轨道线网发展中，如何精细化定位轨道站点站域空间发展特点与模式，如何在多元的发展中建立与城区合而不同的发展路径，均成为未来都市圈近郊发展需要重新探索的问题。从宏观到微观，从更新到开发，从城区到乡村，从建设区到自然，各种差异化的发展基底让轨道交通引导下的城市发展带来各种确定性与不确定性。而这种相对于城区的"边缘"，编织了城市、乡村和自然一体化的近郊基底，并在差异与多元、人工与自然、集中与分散、空中与地下建构了"边缘"网络，使都市圈的发展呈现不断生长与变化的弹性区域，由此带来交通、开发、政策、活力的协同发展。

1. 边缘效应（Edge Effects）下市郊协同的正效网络

1930年代由德国地理学家哈伯特·路易（Herbert Louts）提出的边缘城市（Edge City）理论[2]，让社会学、地理学、城乡规划学、经济学的不同学科聚焦城市边缘可持续的发展模式。市郊线的发展在穿越了城郊模糊边界的基础上，以一种特定的"边缘效应"[3]，带来因市郊差异激发的市郊协同的综合需求。交接区、交错区、边缘区等近郊地带，通过互动关联逐渐以一种市郊边缘的"正效应"[4]，带动形成城市中各要素之间整合联动下的"正效网络"，并在各种边缘区域通过市郊轨道系统影响下的叠加和互联互通（图2），激发潜藏于原城市社会与生态关联中的协同效应。

这种正效网络首先可视为一种轨道引导下的城市正向切片（图3），通过"线—网"密度带动"点"密度的发展，为近郊整体宏观格局的发展引入全新层级。随之，线网格局的落位将带动站点周边点状城市密度的聚集和差异化发展。这种不同密度梯级下点—线—网状密度形态的建立，形成了全新的都市圈近郊形态。

其次，这是一个多样性生态格局的整合过程。近郊自然生态与社会生态多样性的结合，在边缘的模糊性、混杂性和动态变化的多样性叠加中形成具有积极正向引导的活力切片。轨道带来的大量性流动在不同要素连接下价值增值，相互协同，正向发展。

同时，边缘效应作为系统关联下的价值驱动力，使近郊空间携带可持续发展的预留空间，面向未来，产生空间的适应性。这不仅停留于地块的空间

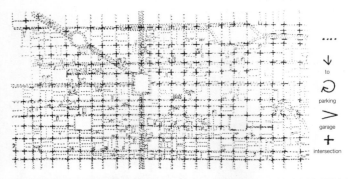

图4 刘易斯·康讨论的费城的流动模型"停与走",体现了人与车的流动性带来的城市结构与空间发展之间的重要关联性　　图片来源:Team 10 Primer

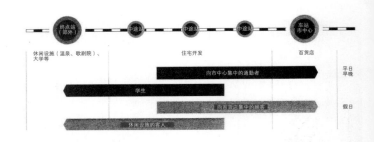

图5 阪急、东急等私铁公司沿线开发模式　　图片来源:《站城一体开发——新一代公共交通指向型城市建设》

预留,还将在面向技术发展的过程中,形成相关业态、指标、活力的预留。这使不同的密度梯级之间形成了城—郊及站点互动互联下的价值联动与相互协同。

前世界银行城市专员铃木博明认为,"绿色场地开发"(Green-Field Development)的郊外城市化在日本的大都市圈发展中凸显了轨道对于都市圈发展和其地块价值提升的重要意义[5]。日本在轨道发展时期,通过市郊线的延伸与相关区域高、中、低建设密度不同强度的整体打造,实现了对于郊区资源的重新整合、居住品质的提升、城市人流的导入以及相关产业的促进与发展,为亚洲高密度市郊协同发展提供了实践样本。从单一线路到城市网路的编织,带动了近郊以及由此形成的都市圈能级的整体提升,并在城市中心资源和郊区特色整合的基础上,实现了边缘融合(如城市—郊区、近郊—远郊、村庄—市镇、自然—建设区),体现了差异化密度引导下城市形态的发展可能。

2. 市郊新动能交换下的流动性价值

现代主义初期,"流动性"特性超越了狭义的交通道路系统的组织,在建筑、环境、社会的全面介入中,成为网络化城市的发展要因。无论是刘易斯·康讨论的费城的流动模型"停与走"(Stop and Go,图4),还是彼得·史密森和艾莉森·史密森(Alison and Peter Smithson)夫妇在《大写3》(Uppercase 3)中讨论的城市流动性成为时代主题,抑或当代的艺术家马塞尔·杜尚(Marcel Duchamp)、约翰·凯奇(John Cage)等对日常生活中机械、气流、水等方面的动态思考,以及信息时代5G、物联网等带来的人类生活方式的转变,均从不同维度进一步说明,当代生活非单一性流动的网络化融合带来了城市新动能交换下城市结构与人类生活的不断变革。基础设施,特别是轨道交通的发展,以线网编织下的流动性为城市带来了全新结构意义。

市郊轨道以交通、经济和文化发展动态的网络编织,带动都市圈的空间联动、土地开发、资源共享和产业互动发展,以实现沿线城市、近郊与乡村之间的高效互通,促进不同地区之间嫁接互联、协同发展。由此,人流、物流和信息流在城市不同尺度下的快速移动、交换和聚集中,构建了近郊层级化的动态平衡的网络。如日本阪急、东急等私铁公司对于市郊线网上不同时间人流运动的定位,实现了不同的动能交换下流动性互给带来的线网的高效运行(图5)。数据显示,都市圈市郊线路的网络化开发、流动性建构和精细化发展所带动的都市圈市郊站点的站均产能过亿。

市郊线发展引导的城乡间的相互流动,进一步带动了都市圈各站点周边地区的高效协同发展,并在形成不同维度的价值驱动的同时起到了优化城郊

图6 库里蒂巴的线性城市，沿着BRT廊道的城市发展　图片来源：
https://www.sohu.com/a/201136748_654535.

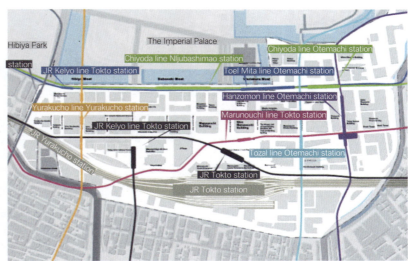

图7 丸之内轨道交通与地下空间　图片来源：《东京丸之内的再开发与地上地下步行网络的形成》

一体化的空间结构、增强交通毛细网络和慢行体验、改善城郊综合环境、凸显各区域差异化特色和价值、提升低效土地价值等重要意义。巴西库里蒂巴[6]的线性城市（图6）的发展，充分展示了城市的线性流动带来的城市结构、城市形态的发展。城市流动轴两侧的快速道路结合中部快速公交系统（Bus Rapid Transit，BRT），与城市的高强度开发并行发展，从城市到近郊，推动了城市的人流、资源、信息等能量之间的快速交换，进一步凸显了在特定的发展时期城市主动脉在支撑城市发展中的重要意义。

因此，轨道引导下的脉动性流动带动了城市与乡村之间资源、信息的快速便利而多元的交流，将原本散落而低效的资源连接成紧密关联的高效网络系统。独立站点、站点群和整条线之间人流、物流、信息流流动性整合，在促进城郊土地空间高效利用的基础上，形成了动态平衡下综合价值的整体提升。

3. 站域空间的差异化精细网络

在以人为核心的城镇化发展过程中，提升城市与空间的运行质量和效率成为关注焦点。市郊TOD站点的发展，进一步向城市地块的功能复合、土地空间的高效运行、城市管理的精细化落实提出更高要求，并提供了另一种紧凑复合下增量的多元途径。市郊站点在近郊不同区位的差异化，界定了不同类型、范围、特色及限定下的发展模式，展现了区别于市区线的独特价值和多元增量点。城郊区、工业区、产业园区、旅游度假区、自然景区、乡村等不同类型的地区，在结合站点进行开发的过程中产生特色各异的一体化组织模式。而这种极大的差异性带来了对不同要素之间相互衔接方式的重新思考，并从局部走向整体，从外显走向内涵，从粗放走向精细，从本土走向国际，走向全新拓展的认知深度。

区位的差异决定了市郊站域空间的定位与站体形式结合下精细化管控网络的生成，这也成为实现空间复合效能、综合接驳效率以及感知活力的重要基础。例如，在传统规划管控的二维平面区域，将大量出现多维标高分区管控的层级需求，这成为可以被进一步三维细化设计与管控的重要维度，由此进一步形成对于地块划分、慢行系统、空间组织和开发强度等不同要素的重新梳理与定义。日本东京的丸之内地区发达的地下空间和地块之间的连通（图7），通过整体的设计与管控，实现了文化、商务、休闲、安全和环境共生的规划愿景[7]。其中，地块集中的地上和地下空间整合、道路车行与慢行在城市街区中的弹性分时控制、建筑底层的公共性奖励、火车站到皇居视廊的控制以及不同地块地下空间连通管理等，形成了精细化的管控体系，打造出不断提升的城市品质。

此外，在多义要素重识和三维空间整合的基础上，基于空间复合模式探索、

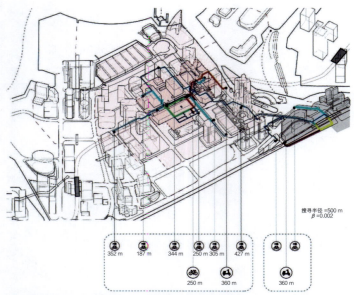

图8 通过UNA软件对横滨站的综合接驳距离与人流量进行模拟,由此对其周边地块发展形成量化比对分析　图片来源:王浩绘制

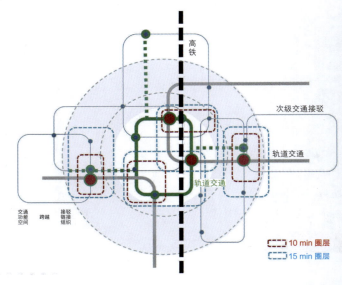

图9 不同的轨道交通线交汇、辐射产生辐射圈层,形成"网络—节点"沿线和交叉发展的不同模式　图片来源:笔者自绘

数据的整合和互动互联的进一步精细化需求,以量化数据为支撑的设计、评价与管控结合下的综合系统,成为TOD站点及其周边空间精细化设计形成未来空间发展的重要基础,如在地理信息系统(GIS)、兴趣点(POI)数据支撑下,城市空间网络分析(Urban Network Analysis,UNA)、模拟集成电路(Analog IC)微观仿真等数字化手段的界定方法的不断发展(图8),体现了在设计过程中可以被进一步精确引导的技术方法和演绎路径,从而实现站点及其周边城市地区的集聚整合下的精准对接。

4. 复合层级嫁接的空间重识

轨道交通影响下的城市发展,形成了一条轨道线引发的带状城市结构。不同的交通线网的相互交织,产生具有辐射圈层的"网络—节点"的发展模式,让交通、空间、行为、生活以不同层级和模式的结构嫁接,基于传统的城市发展,建立了另一种具有全新触媒黏性与张力的发展体系。由此,轨道站点周边形成近郊地区不同层级的发展核,而核与核之间的连通与交汇区域成为在线性与网路的架构中不断被重新定义的区域(图9)。

这是由核心与核心群组重新激发的城市空间,由此影响了城市结构的组织。在此基础上,地块与地块之间的关系成为可以被进一步重叠的聚合关联与迭代价值。各站点在一条线上多核心的定义与串联,形成宽度各异、相互交织的城市网状发展,并逐步建立具有相互影响的重叠场域和由不同影响

价值叠加的空间领域。这种领域的建立将激发另一种城市空间属性的嫁接与开启方式。由此,不同的用地与空间,在各种交通、多种功能、地上和地下等大小尺度层级叠加的基础上,融入现状的复杂体系,架构了点与点、点与群组之间的网络张力,并在原本远近距离的差异中呈现了超越物理距离上的空间、界面以及层级维度之间的均好性、延伸性和复合性,并在各站点不同模式的慢行体系中,逐渐建立良好的感知体验、开发价值和发展模式。

因此,轨道交通引导下另一种城市网络的建立,一方面成为近郊与主城之间的纽带,另一方面也成为近郊与城市中心区域的共享系统,以开放的姿态,衔接各种现有和全新介入的不同要素,并带来一定结构系统性下开放的增长点。在此过程中,通过轨道交通引导下不同交通接驳层级的并置与协调,与其他城市层级之间建立综合空间影响域,将产生可以被不断延展和层级定义的复合区域,从而带动城市层级结构之间的对接融通和空间重识,形成多层级之间的协同发展。

5. 慢行系统拓展下的等时模式

在近郊城市空间结构建构的基础上,市郊轨道慢行系统的发展在强化各站点与站点群特色的基础上,优化空间品质,增强感知体验,提升空间价值,以此提升区域层级化的影响力,形成面向未来的轨道交通站点站域空间的

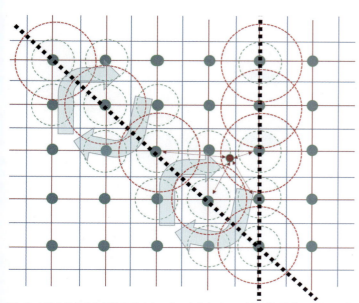

图 10 在强化连接度和便捷度基础上，进一步确定对不同连接时间影响下不同层级范围的定义，从而进一步讨论等时范围中的站点价值和空间活力　图片来源：笔者自绘

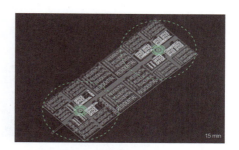

图 11 在 15 min 的影响范围中，通过不同接驳方式的高效衔接，建立多个 5 min 的叠加圈层，建立不同影响范围作用下的慢行体系　图片来源：王浩绘制

发展模式。从交通接驳到综合接驳的转化中，慢行的影响范围超越了最后 1 km 定义的物理距离，形成以固定时间（5~10~15 min）为原则定义慢行综合接驳圈层，并在综合接驳中有机会通过等时的原则将不同的站点进行重新关联（图 10）。数据表明，站点换乘接驳 60% 依靠慢行系统（含步行及非机动车），其中步行占比 50% 以上。针对市郊线慢行系统的模式探索，将在综合接驳的认知下形成慢行系统（步行、自行车等慢行方式）引导下层级复合的等时圈层，并由此建构慢行范围拓展下的城市空间发展模式和站域空间拓展下的价值圈层。

不同慢行接驳引导下的城市空间衔接与层级划分，包含了刚性快速与弹性慢速体系之间的叠加，也涵盖了步行、自行车等不同慢行方式之间的混合，从而进一步强调了在慢行体系中可以被充分优化感知的体验途径。空间、边界、节点等要素之间的场所性优化带来的驱动力，将提升轨道交通站点作为微观交通节点和宏观系统网络的综合互动的附加值，从而带来全新层级的区域动能。

可见，接驳方式、距离、相关空间多维感知体系的变化带来 "5~10~15 min" 圈层综合价值的提升。完善的接驳体系让站点的慢行感知圈层逐渐从一种物理绝对距离的限定，向另一种弹性延伸的慢行距离进行转变。其中，接驳距离的增加导致了站点与站点、终端与终端（如公交、出租、自行车、目的地等）之间接驳叠加部分的逐渐增加，从而对传统 500~800 m 影响半径定义进行拓展，形成从距离标准向时间标准转化下的站域慢行网络，并由此形成城市空间结构的进一步转化（图 11）。

市郊站点结合大量未开发用地，面对区域的差异化特性，通过资源整合、效率提升和体验感知等特性，引导慢行体系以层级化圈层叠加，推动最后 1 km 模式的复合转变，形成市郊站点站域周边地区空间整合与土地开发的全新模式。

6. 确定与不确定的弹性留白

轨道交通的发展强调有序推进、因地制宜、集约高效和持续发展的重要特征。在城镇化扩张和城乡一体化的发展中，面向未来的市郊站点发展留给我们不断增加的多样化需求和逐渐精细化、动态发展的探索方向。看似明确的各种原则、需求和发展的趋势在未来不断快速变化的发展中，通过相关性比对与分析，呈现一种开放、不确定而留白发展的空间（图 12）。

因此，应对不同时段需求的战略性留白（图 13），市郊站点在面临各种不确定性的探索中，集中体现了动态变化的特点。其中，在介入了时间线索下的用地与空间发展，凸显了短期的低效利用和长期高位递增的土地与空间价值之间的协调发展的特定需求。市郊站点周边的功能性对接与适度的发展节奏具有各维度面向未来的不确定性。例如，对于同样属性的地块，

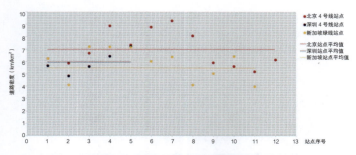 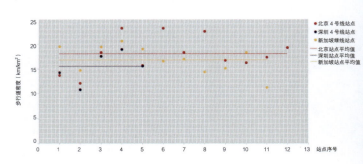

图 12 不同城市之间的指标相关性对比，为 TOD 地块提供未来的发展依据和留白的参考　　　　图片来源：罗洋、罗梓馨绘制

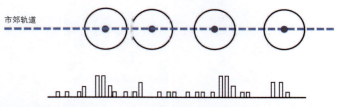 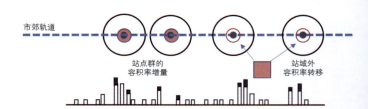

图 13 通过容积率转移和预留，形成对于未来的不同模式下的发展留白　　　　图片来源：笔者自绘

在轨道发展的初期、中期和成熟期，其开发强度、使用方式等均具有动态变化、复合调整、等时融合的趋势。这也为地块价值的充分利用带来了部分可以预测和无法预期叠加下的预判依据。其中，现状大量的待开发空间，使得市郊站点地块功能属性具备了更多的混合和变化的不确定性。例如，应对同样的居住需求，其用地的属性可以在小型办公、居住、可租赁住宅或者公寓之间转化，这也是在轨道交通站点周边，特别是在市郊站点周边可能存在的现实状态。

因此，合理地定义地块属性，预留未来发展中的弹性，并引导一种对于功能不确定的确定性，是未来近郊发展、特别是站点周边地块发展的集中特色。这种不确定的确定性，作为一种正向的力量，引导着一种积极、冷静、实事求是而开放灵活的开发路径。无论是应对不同类型的站点，还是应对不同模式的地块，抑或应对不同站点的开发时序，均引导着对于资源梳理、特色强化、品质提升、感知增强的层级化影响力，从而面向未来，适应轨道交通带来的城市的发展弹性与韧性。

7. 认知与展望：面向城乡磁体的多能级中心化市郊网络

正如埃比尼泽·霍华德（Ebenezer Howard）在《明日的田园城市》中提出的概念"城乡磁体"，市郊轨道交通的引入以网络化的编织强化了城乡之间的磁性，也在相互的紧密编织中进一步弱化了原本城乡之间的边界属性，并在整体交通带来的城市系统的重塑中融入更多的人类环境聚集模式，在乡村与自然、高强度与低密度之间，以点串线，以线成网，让城市与自然融合生长。

近郊边缘在联系都市圈各城市、区域中心网络的关联属性中逐渐成为重要的链接中枢。中心与中心之间以公共交通作为触媒进行空间引导，合理、有效地增加网络的宽度、厚度以及在其间中心之间的互动活力。这种动态活力的增加使得有效的编织中心不断扩张而在相互融合下形成"边缘"网络，并在其网络的发展中，进一步培育出"多层级中心化"的近郊城市空间结构。这种中心区别于城市中心区的中心属性，呈现了多中心、多能下以站点为核心的多层级、多中心体系，并与近郊的不同环境进行适应性的整合，构建可以被预期的未来和可以被动态优化的网络。

市郊线网编织下的边缘网络，通过复合层级的嫁接，以站域空间的精细化组织，进一步强化和完善了城市慢行体系。轨道交通引导下的近郊发展，以短期确定性和长期不确定性的预期，形成正向网络推动下的动态平衡和弹性生长。

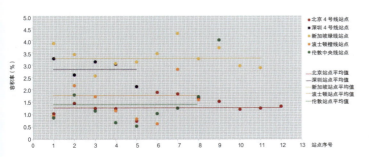

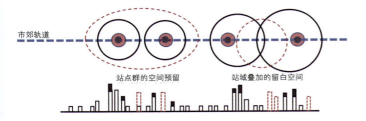

参考文献

[1] 日本三菱地所设计. 丸之内：世界城市东京丸之内 120 年与时俱进的城市设计 [M]. 北京：中国建筑工业出版社, 2020.
[2] 东條隆郎. 东京丸之内的再开发与地上地下步行网络的形成 [J]. 孔倩, 译. 建筑技艺, 2020,26(09): 30-35.
[3] 日建设计站城一体开发研究会. 站城一体开发：新一代公共交通指向型城市建设 [M]. 北京：中国建筑工业出版社, 2014.
[4] 矢岛隆, 家田仁. 轨道创造的世界都市：东京 [M]. 陆化普, 译. 北京：中国建筑工业出版社, 2016.
[5] 九三学社城建委员建议 让市郊铁路给地铁兄弟"搭把手"[EB/OL].[2015-06-26]. https://www.takefoto.cn/viewnews-457164.html.

注释

1 https://www.takefoto.cn/viewnews-457164.html。
2 该理论指出城市形态从单核心格局向多核心、网络化方向发展以及城市核心区在扩散中出现新集聚的过程中，在郊区发展起来的兼具商业、就业与居住等职能的综合功能中心，这成为"边缘城市"理论的原型。
3 在广义生态学中，边缘效应指在两个或两个以上不同性质的生态系统交互作用处，由于某些生态因子（物质、能量、信息、时机或地域）或系统属性的差异和协合作用而引起系统某些组分及行为的较大变化。
4 边缘效应在其性质上可分为正效应和负效应，正效应表现出效应区（交错区、交接区、边缘区）比相邻生态系统具有更为优良的特性，如生产力提高、物种多样性增加等。反之，则称为负效应。
5 日建设计站城一体开发研究会. 站城一体开发：新一代公共交通指向型城市建设 [M]. 北京：中国建筑工业出版社, 2014.
6 巴西第七大城市，获 2010 年全球可持续城市奖。
7 日本三菱地所设计. 丸之内: 世界城市东京丸之内 120 年与时俱进的城市设计 [M]. 北京：中国建筑工业出版社, 2020.

本文在《建筑学报》2022 年第 2 期发表。

From the Belly of Paris to the Rainforest | 从巴黎之腹到热带雨林

Yue GU | 顾 越

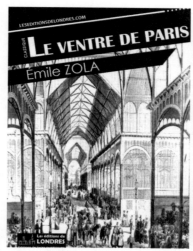

图1 《巴黎之腹》(Le Ventre de Paris)封面
图片来源：伦敦出版社

图2 罗伯特·杜瓦诺（Robert Doisneau）摄影作品，主题：巴黎中心市场（Les Halles de Paris） 图片来源：《杜瓦诺的巴黎中心市场》——巴黎城市展

2019年巴黎圣母院的那场大火将这个文化遗产带回到人们的视野里。在看着新闻播报里的屋架残垣时，大家难免会感觉到，这和雨果笔下的建筑差得有点远。事实上，有非常多的建筑只存在于作家的描述中。无论是笛福笔下"绝望岛"上的鲁滨逊住所、博尔赫斯笔下小径分岔的花园，还是狄更斯笔下的巴士底狱，现实世界中也许是另一副模样，但也都在虚构的文字世界里中展现出了它们自身的感染力。

不过今天我们要聊的是一个切实存在过的建筑。虽然它已经消失了近半个世纪，但是我们仍然可以透过一部文学作品，复原它曾经的相貌，以及它在巴黎城市发展史上的重要地位。

埃米尔·左拉（Émile Zola, 1873）在《巴黎之腹》(Le Ventre de Paris，图1)中写道："……相邻街道的尽头，煤气街灯的焰光一个接一个地熄灭了，星星般地消失在晨光里。佛罗朗看着市场巨大的屋顶离开了阴影，离开了梦境———如他曾经梦见的一样，宫殿无休止地越拖越长。这些穹顶交错凝固在一起，带着深灰色的绿，像一根根硕大的桅杆支撑起了无边的帆，让这构筑物显得更加宏伟……"

在左拉的笔下，整部小说的场景就设置在这个曾经的巴黎中心市场内。我们可以看到几个很有趣的关键词："巨大的屋顶""穹顶""桅杆""帆"……这些对于建筑的描述在那个以砖石砌筑为主要建造方式的年代，可以想象是多么的惊世骇俗。它的跨度、它的形制以及它的建造方式，都源自工业革命后的创新，以一种前所未有的方式介入巴黎市民的日常生活中(图2)。

如同左拉这本小说的书名所示，这座建筑正处于巴黎市中心的雷阿勒（Les Halles）街区，而它还供养着全巴黎的餐桌，是市民们饱腹的基础。从每天清晨开始，郊区及外地的菜蔬、肉蛋汇集到这里批发销售，随即流向其他街区的商店及市场，直到出现在每位家庭主妇的菜篮子里，从而使这里成了全巴黎最有烟火气的公共场所。不过这个烟火气，在当时是以令人无法忍受的卫生水准作为代价的。比如，街区的肉市里，动物直接被当街宰杀分解，菜蔬、鱼虾等未售完的残渣也被随意丢弃在街道上（图3）。

到了19世纪初，拿破仑实在无法忍受自己的首都中心竟然会有这样肮脏的街区，于是在1811年推出了一项政令，要求将这个街区营造成一个造型规则统一、占地规模更大、可以容纳更多摊位、健康卫生、将会有顶棚遮盖摊位和供给储藏的场所，并且要确保宰杀动物的血液和垃圾等可能滋生疾病的污染物远离附近的居民。

不过，拿破仑没有等到这项政令得以实施。莫斯科城下的惨败引来了反法同盟的反攻，使他被迫于1814年退位。同帝国一起破灭的，还有这个尚未成型的构想。接下来的时间里，无论是卫生防疫还是公共交通，雷阿勒街区持续成为巴黎市政建设中的一个创口。其后的30年间，所有的执政

图3 《香水——一个谋杀犯的故事》里的巴黎鱼市场景

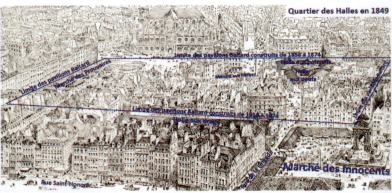

图4 1849年的雷阿勒街区以及规划中的巴黎中央市场范围（蓝色线框内） 图片来源：https://commons.wikimedia.org/wiki/File:Quartier_des_Halles_en_1849_avec_indication_du_territoire_des_Halles_de_Baltard_construites_de_1854_%C3%A0_1874.jpg

图5 塞汶河上的柯布鲁克代尔铁桥
图片来源：https://alchetron.com/The-Iron-Bridge

图6 巴黎艺术桥　图片来源：古斯塔夫·勒古瑞摄影作品展览，法国国家图书馆，2011，http://expositions.bnf.fr/legray/index.htm

图7 燃烧中的伦敦水晶宫　图片来源：https://fr.wikipedia.org/wiki/Crystal_Palace_(palais_d%27exposition)#/media/Fichier:Crystal_Palace_fire_1936.jpg

图8 1863年巴黎中心市场的最终方案　图片来源：https://en.wikipedia.org/wiki/Les_Halles

派别都有心重启这个项目，不过政权的更迭让历任政府都没有办法完成这项工程。直到1848年2月，建筑师维克多·巴尔塔（Victor Baltard）被确认成为这个项目的负责人。1851年，这个项目开始按照巴尔塔的初版方案动工。拿破仑三世亲自到现场为项目埋下了第一块奠基石，完成了他伯父的梦想（图4）。

1. 维克多·巴尔塔的杰作

维克多·巴尔塔在巴黎的城建历史上是一个重要的名字。从1805年出生到1874年去世，他的职业生涯都围绕着巴黎展开。他是当时巴黎美术学院系统的代表人物之一，陈志华曾经将他的作品定义为"折中主义"。出于对古典风格的怀念以及诗意的诠释，他结合了工业革命以后的新材料、新技术，在19世纪的巴黎迸发出了无比的创造力。在他的材料清单中，铸铁和玻璃扮演了非常重要的角色：一方面，金属的可塑性让它更为容易地模拟古典主义柱式的线脚；另一方面，工业化的生产模式可以大大降低它的生产周期和成本。

铸铁在工程领域里的运用可以上溯到18世纪。习惯了土木材料并采用手工砌筑方式建造的人们，忽然发现工业革命将金属也纳入建造材料的序列里。和砖石等传统砌筑物相比，金属强大的受力与延展性能给建筑师的设计提供了更多的可能，使房子从原先地面上延伸的堆积物变成了拔地而起的空中网格。并且，这种用金属预制＋拼装的方式来完成的建筑具有更大的跨度、更快的建造速度、更好的采光效果以及在蒸汽引擎时代更好的防火性能——这不能不说是一场建造领域里的革命。第一个纯铸铁结构的工厂是英国什鲁斯伯里的迪瑟林顿亚麻厂（Ditherington Flax Mill，1796），而第一个构筑物则是离它不远的塞汶河（Severn River）上的柯布鲁克代尔铁桥（Coalbrookdale Ironbridge，1779，图5）。再往后，建筑史上赫赫有名的铸铁作品还有巴黎的艺术桥（Pont des Arts，1801，图6）、巴黎的谷物市场（la Halle Aux Blés）的穹顶（1811）以及首届万国博览会的伦敦水晶宫（1851，图7）。

巴尔塔的方案范围就紧邻1811年新建的谷物市场。在谷物市场的东西轴线上，1条主要通道及6条南北向的次要通道连接着12个馆棚，其中有4个围绕着谷物市场的穹顶。所有的馆棚以石材作为主要材料，结合了侧向采光的顶棚和大面积的玻璃窗。可是当其中的一个馆棚建成后，方案的呈现形象并没有得到巴黎政府及群众的认可。1853年1月，一波三折的方案竞赛再一次开始了，并且9个主要的竞标方案都在同年登上杂志向公众展示。幸运的是，巴尔塔的新方案通过了考验（图8）。新任的塞纳省省长奥斯曼给予巴尔塔的新方案非常大的支持，他在回忆录中写道："我想要的就是这样铺天蔽日的巨型大伞，仅此而已！……首先，面对这周边街区肌理的平面图，我们需要一条将巴黎市民导入建筑中间的主要通道，让这条东西向的宽敞道路去组织南北的次要道路，以联系北侧的圣尤斯塔斯教堂（St. Eustache Church）和南边的夏特勒广场（Place du Chatelet）。接下来，我们构思了一张巨型雨伞的草图，被有顶盖的道路

1870年塞纳省长莱昂·塞（Léon Say）设想的巴黎市内轨道交通系统。他试图将"小环线"与巴黎地铁合并，并将雷阿勒巴黎中心市场的预留轨道也纳入地铁系统内。这个构想中的部分内容于1872年5月11日被议会采纳，成为后来地铁1号线、4号线的雏形。

—— 大都会范围
---- 设想路径
—— 带状路径与地铁相结合
...... 格兰德斯线

图9 巴黎中心市场内景　图片来源：《杜瓦诺的巴黎中心市场》——巴黎城市展

图11 巴黎中心市场的剖面　图片来源：《巴尔塔——巴黎中心市场（1853—1973）》

  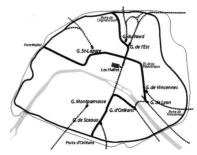

图10 20世纪初雷阿勒街区的航拍图　图片来源：https://www.theglobeandmail.com/life/travel/destinations/extreme-makeover-les-halles-paris-edition/article571502/

图12 巴黎中心市场外景　图片来源：《杜瓦诺的巴黎中心市场》——巴黎城市展

图13 1870年代巴黎市内轨道交通设想　图片来源：阿兰·考特罗（Alain Cottereau）绘制

系统分割。于是，我们能看到，最终呈现出的立面，由山墙面支撑漂浮着的巨型屋顶……我告诉巴尔塔，请遵循下列指示来提供方案，越快越好——铸铁，用铸铁去建造，我只要铸铁！"

从1852年破土动工到1874年，12个馆棚中的10个竣工（虽然最初巴尔塔的方案中构想了14个），巴黎中心市场变成了左拉笔下名副其实的"巴黎之腹"。但与此同时，巴黎这座城市也在这段时间内开始以前所未有的速度扩张。1857年，巴黎只有120万人口；到了1901年，人口已经突破260万。刚建成没多久的巴黎中心市场又面临着容量的压力。

于是在1896年，政府禁止了零售业务，中心市场只能以批发的方式进行售卖，但这并没有难倒零售的商贩。鉴于每日往来的人流，外部也搭起了摊位。巴黎中心市场不再是12个漂浮的顶棚，它成了辐射状的街区，将周边的广场街市都纳入进来。市场经济的繁荣，伴随着拥堵，逐步出现在古老的街区里。最初，整个街区面临的也许只是占道经营带来的通行缓慢，但到了20世纪初，整个街区西从皮埃尔-勒阿街（Rue Pierre-Lescot）北至朗布托路（Rue Rambuteau），东往罗浮路（Rue du Louvre），南临塞纳河，甚至通过新桥直接到左岸，都会出现严重的拥堵。每天清晨，6 000辆次的汽车和800匹牲口牵拉的货车会沿街区周边停满2 200 m长的街道。甚至在凌晨3点钟，警车都无法穿过整个街区去执行公务。

自那以来，中心市场街区就成了后来各个大都市城市问题的缩影。无论是治安、交通，还是电气照明或消防卫生，现代化城市的种种场景都在这里体现。作为这个街区生活的热爱者，摄影家罗伯特·杜瓦诺（Robert Doisneau）留下了很多街区的影像，帮助我们还原了整个20世纪里的街区生活。在彩色或黑白的照片中，大到街市的布局公众的介入，小到人物的表情，各行各业的事件场景都一一表现出来（图9~图12）。

2. 地上与地下，一个时代的终结

巴黎中心市场并非只有地上的部分，漂浮着的屋顶的地面以下，还有相当大面积的地库，用作酒窖以及一些耐久商品的储藏。在设计之初，巴尔塔用隧道把这几组建筑的地下室都连接了起来，方便不同板块之间的商家通过地下快速地运送货物。在整个中心市场主要通道的正下方，在货架和储藏室的背后，有一条用花岗岩砌筑的拱顶隧道，铺设着双向的铁轨。这个设计的初衷是为将来的接驳提供方便，希望这条隧道能将中心市场和环绕巴黎的"小环线"（图13）连接起来，使外省的产品能以最便捷的方式抵达巴黎的市场。但遗憾的是，自始至终这条铁路隧道都是废弃的，并没有投入使用。

"小环线"（Petite Ceinture）是环绕巴黎的铁路的别称。作为首都，巴黎没有设置穿城而过的铁轨，所有巴黎的火车站都是尽端式的轨道和月台。随着铁路脉络的发展，到了19世纪，巴黎已经不仅仅只是一个目的地，更是一个铁路换乘的枢纽。这时出现了绕城铁轨，方便在巴黎换乘的旅客

图 14 1918 年的小环线线路图，虚线部分为地下线路　图片来源：https://en.wikipedia.org/wiki/Chemin_de_fer_de_Petite_Ceinture#/media/File:Marche_des_trains_pc_1918_jms.png

图 15 1903 年巴黎歌剧院广场地铁站，三线地铁换乘站厅和城市广场连接，其中最上的地铁线路为 3 号线，中间的是 7 号线，最下的是 8 号线　图片来源：https://www.ratp.fr/decouvrir/coulisses/au-quotidien/un-jour-une-station-opera-la-melomane

图 16 1900 年的巴士底广场地铁站，1 号线的站厅与圣马丁运河的换乘　图片来源：http://paris1900.lartnouveau.com/paris04/bassin_arsenal/bassin_de_l_arsenal1900.htm

不用穿城去寻找另一个车站，直接在火车站就可以通过区间火车到达另一个火车站，来继续自己的旅程。从 1852—1879 年，小环线逐步完工。巴黎的丘陵地带使得这条环线有接近 40% 的长度处于隧道中，甚至还有两个站点完全处于地下（图 14）。

这一系列把铁路轨道交通引入城市地下的构思，也为不久之后的地铁建设打下了基础。在设计地铁线路的同时，巴黎人给予了地铁站点及换乘系统同样的重视。在 20 世纪初的一系列版画中，我们可以看到在一些重要的城市公共空间里，双线或三线地铁换乘或者地铁与水上交通换乘的构思与实践（图 15、图 16）。

遗憾的是，巴尔塔虽预见了地下铁路会在城市的交通系统中扮演重要的角色，但却无法想象他所预留的轨道接驳完全无法应对未来城市的需求。随着巴黎都市圈的急速发展以及近郊人口的激增，传统地铁的通勤效率并不足以覆盖整个大巴黎地区。于是，结合了市区内地铁以及远郊城际铁路特征的区间快速铁路从 1962 年开始登上历史舞台。而巴黎中心市场，作为那时巴黎最重要的地铁枢纽（当时的 1 号线、4 号线、7 号线和 11 号线都从此经过），势必会在新型的轨道交通系统里成为不可或缺的换乘中心。

于是，为了让位给这项更重要的城市建设，雷阿勒街区里的巴黎中心市场将被搬离到巴黎郊区。1969 年 2 月 27 日搬迁工程开始，并一直持续到了当年的 5 月 1 日。这是一场浩大的工程，牵涉 20 000 余人、1 000 多家批发公司、10 000 m³ 以上的工程材料，以及 5 000 t 货物及 1 500 辆卡车，被誉为"世纪大搬迁"。在正式拆迁开始前的一年多里，当地居民不断地发起聚集活动，试图保留这个已深深扎根在街区里的文化遗产，但是这些活动均告徒劳。"巴黎失去了它的腹部，也失去了一部分的灵魂"，在正式拆迁开始时，用镜头记录了无数张雷阿勒街区的摄影大师杜瓦诺如此感慨道（图 17）。

3. 再一次，"伟大的工程"

1960—1970 年代是法国的黄金时代。从第二次世界大战结束后的满目疮痍中，法国通过这"光辉 30 年"重返发达国家的行列。1969 年起，巴黎市政府就带着城市建设的雄心开始了针对雷阿勒街区的拆除和新建之路。这条路一走就是 40 年。

戴高乐总统寄予厚望的新巴黎中心市场是一个轨道交通换乘一体化的地下商业综合体。在 5 条地铁及 3 条区间快线的换乘大厅旁，围绕下沉广场排布着三层的地下商业以及游泳池、电影院、图书馆、展览馆等复合功能。地面之上，为了象征"伟大的时代"带来的力量，兴建了若干个四层楼高的金属花瓣及层层退台。这些地方原本是作为地上的商业以及办公使用。不过等到 1986 年这项重点工程竣工时，一切似乎和想象的不太一样。

对于这个超尺度的花瓣状雨棚，市民们也许并没有太多意见。但是它对周

图 17 拆迁后的雷阿勒街区，可以看见地铁换乘的区域在地面留下的洞。最左侧竖向的是 4 号线，右侧是区间快速铁路 RER 的换乘空间　图片来源：《杜瓦诺的巴黎中心市场》——巴黎城市展

图 18 1989 年花园完工前后的雷阿勒街区全貌和街区街景　图片来源：上图《1975—2000 年的巴黎建筑文化遗产诊断》；下左图 https://fr-academic.com/dic.nsf/frwiki/756315；下中图 http://www.freemages.fr/browse/photo-1449-aux-halles.html；下右图 https://commons.wikimedia.org/wiki/File:Chatelet-Les-Halles_xCRW_1541.jpg

边街道的压迫感、超越传统街区的体量打断了不少原先可以穿过基地的道路，这给通行的市民们带来了非常多的不便。除此之外，层层的退台和丰富的楼梯走廊带来了很多的断头路。到了晚上，正如简·雅各布斯所述，缺乏"邻居视线的监督"，这些无人的公共露台及断头路就成了毒品交易、暴力犯罪的滋生场所。而那些超尺度的花瓣状雨棚下，因为可以遮蔽雨雪，并且有地下管井带来的污浊温暖的风，也住满了无家可归的流浪者。谁也不曾想到，这个象征着光辉 30 年的伟大工程会在极短的时间内沦为暴力犯罪的温床。从这个新项目竣工开放的那一天起，"大麻广场""城市规划的灾难"等非议就伴随着再一次拆除的呼吁声登场（图 18）。

在历经了多次可行性研究和评估之后，2002 年巴黎市政府终于决定再一次将这块基地的拆除提上日程。2004 年，巴黎市政府举办了重建雷阿勒街区的国际竞赛。这次竞赛邀请了四位国际及法国本土的设计大师参加，分别是让·努维尔（Jean Nouvel）、MVRDV 建筑设计事务所、大卫·马奇（David Mangin）和大都会建筑事务所（OMA）。征集的方案并非只是基于原有基地，而是着眼于附近相邻的几个街区来进行城市设计。以下是这几家事务所的设计方案（图 19）。

在努维尔看来，雷阿勒街区与城市的格格不入是先天存在的。于是他着眼于街区附近的市政道路，试图依托于环绕基地的道路来连接一系列可以随着时间的推移、城市的发展而逐步"拼接组装"的交往空间。让城市中的社交场所围绕着广场的花园展开，以此形成一条自发生成，同时并不清晰的场所边界。至于花园，那就让它成为一个纯粹立体的景观空间。在第二轮的方案中他沿着南北边界设置了像壁橱一样的建筑，使花园中心打开，分为高、中、低三个层级，建造了面向公众开放的立体花园（图 20）。

而 MVRDV 认为雷阿勒街区代表了进入巴黎市区的大门（如果城市是一个地上的容器）。所以，"轨交站点的发展，正是基地所在街区发展的决定性因素"。因此他们在处理方案时，一切关键词都围绕着地下的换乘空间和地铁站厅展开。为了让地下空间得到更好的体验，他们不惜营造了一座地下的哥特式教堂，深挖 20 m 余，让自然光和空气通过下沉广场自然抵达站厅层，从而让原有的城市绿地变成一座空中的花园（图 21）。

马奇对待这个场地的态度视角比较独特。他觉得这个场地就应该空着，作为高密度城市中的一方净土。所以，这个城市花园越大越好，而东侧的端部则覆盖了一个巨大的天棚，与花园的空地形成对话（图 22）。

OMA 的方案在这几个竞标单位中非常突出，是唯一一个提出以"去中心化"来看待这个足够复杂的城市中心的设计。在 OMA 看来，这个城市街区的地下空间肌理很有些"精神分裂"的意味——地下空间每天能得到由轨道交通输送的 80 万人次流量，而抵达购物中心的路径和流线却并不足够丰富。于是他需要加强这些路径，使它们足以承载更多的人流来供给更大面积的商业和公共设施。那么最好的方式，无疑是将流线和目的地相结合，让它们自成体系。如果要总结一下 OMA 的策略，那就是将雷阿勒高强度

图19 雷阿勒街区改造设计　图片来源：展览《巴黎，我们可以在中心市场街区做些什么？》

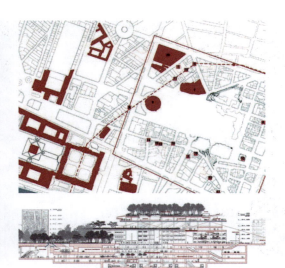

图20 让·努维尔—雷阿勒街区改造方案，2004年
图20~图23图片来源：AMC, 2004 (143)

图21 MVRDV—雷阿勒街区改造方案，2004年

图22 大卫·马奇—雷阿勒街区改造方案，2004年

的建设量抽象成一块海绵，这样它所承载的内装物也就转变成了容纳社会行为的容器（图23）。

这次的几家方案，除了马奇的策略相对比较保守，另外三家都在社会学和城市结构的层级进行了研究和创新。但是这块基地从最初被赋予功能的那一天起，就注定无法与一个历史古城的中心街区轻易共存。当它的旧有功能被剥离之后，留存下来的空白要想在高开发强度的压力下与周边的城市肌理无缝衔接，绝不是容易的事情。所以综合评估之后，巴黎市政府还是决定采用最保守的方式来处理这个街区，以避免在巴黎的心脏区域用力过猛。于是，马奇的大花园也就成了政府最心仪的方案。不过，马奇的建筑单体方案实在太过于一般了。

于是市政府在把花园设计的标段切给马奇之后，于2007年又举办了第二轮针对建筑单体的国际竞标。这一次，他们邀请了10家国内外的优秀事务所参与投标。投标前，任务书中明确了基地现有的结构基础以及地铁轨道范围（图24），希望大家在既有的框架内做一个半命题作文。这次竞标的成果类型并不多，有一部分事务所采用了将建筑主体偏置于一侧，将部分空地作为花园的延伸的策略；也有一部分事务所通过强调建筑手法来标识出这块基地的独一无二；还有一些事务所则是延续原先巨型雨棚的概念，将基地满铺并试图在雨棚的形态上做一些变化（图25）。最后的优胜者，属于第三类。也许在举办这个投标之初，巴黎市政府就在等待一个轻盈的伞盖方案，来延续拿破仑三世和奥斯曼男爵带给这块基地的文脉。

4. 热带雨林

最后的赢家是帕特里特·贝格和贾可·安奇乌蒂事务所（Patrick Berger & Jacques Anziutti Architects）。除了提供一个符合要求的方案，他们还讲了一个很有趣的故事：南美的热带雨林里有这样一种生态形式——一棵榕树就是一小片森林，它的根基深埋地下，而巨伞似的树冠遮蔽了大片天空。在低区，风和阳光可以穿过叶片自由地覆盖地面；而在高区，密密麻麻的树叶彼此之间相互穿插，让阴雨天的水滴于其间来回滚动流淌，最终消解在树冠层而不会落到地表。

帕特里特·贝格和贾可·安奇乌蒂事务所呈现的方案也是如此。众多穿过此处的轨道交通带来了大量的人流，垂直交通好比这棵树的根；而整个方案的伞盖就如同树冠一样从地下生长，冒出地面后覆盖着原来的下沉广场。南北两侧的伞盖里布置了音乐学院及办公区，悬浮在首层的临售商业之上。伞盖正中央，近百米的大跨度结构之下，是原有的下沉广场以及面朝花园东西打开的视觉通廊。漂浮着的伞盖由半透明的玻璃叶片组成，在广场上空错落叠合，让阳光和风可以自由穿过。到了阴雨天，雨水会在层层叶片上滚动流淌，最后引导至中央的雨槽里，不会落在往来的行人身上。

对巴黎市政府来说，他们最担心的安全及城市空间问题，通过严守的街道边界及商业设置得以解决；控制在12 m的建筑高度大大消解了原先建筑的压迫感，使得站在无名死者广场中央上的人们可以看到基地北侧圣尤斯利斯教堂的尖顶；中央开敞的广场使每一个从地铁口出来的人都可以一览无余地看到西侧的城市花园，从而让流浪汉无法长久地停留；扩大了的下

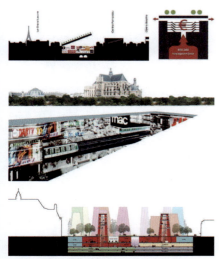

图 23 OMA—雷阿勒街区改造方案，2004 年

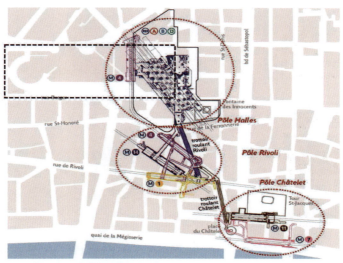

图 24 雷阿勒街区改造基地条件，2004 年　　图片来源：https://cdn.paris.fr/paris/202
0/02/26/3e0e05fff58b2977137885f58dcc2f9d.pdf

沉广场以及垂直交通组织起多重通往地面及空中的流线，将大量的人流疏散至地面、楼上以及花园一侧。这些核心问题得以解决后，还通过一个有趣的故事创造了一个非常规的城市空间，那么谁是优胜者也就不难决定了。

自 2007 年宣布中标方案后，2010 年土建进场开始了新一轮的拆迁。整个方案严格遵守了 1979 年的地下商业及换乘大厅柱网，只是将旧有的下沉广场周边幕墙进行了重建和局部扩大。与此同时，整个地铁线路照常运行，商业空间也只是部分关闭以便交叉作业。整个工程历时 6 年，最终于 2016 年的夏天竣工交付。随即，这里便成为巴黎流量最大的商业购物中心。

毫无疑问，这是个 TOD 方案。在与地下站厅的衔接上，建筑师采用了两种策略。第一种方式是通过一个贯穿三层的通天梯将人流直接拉到下沉广场幕墙边的购物中心底层，然后回头转向站厅层；另一种方式则相对悠闲一些，从三条主要沿街面的出入口进入地下商业，搭乘扶梯逐层往下走，最后汇集到地下三层通往站厅的扶梯前。

图 26 上左二图是地下三层的平面图。涂黑的部分是室内设计范围，作为公共区来组织垂直交通和流线。灰色网格部分是室外下沉广场，围绕着它布置有三组通往地面的扶梯来引导人流。最终，通过最右边的扶梯将人流引至站厅层（地下四层）。下左二图是地下一层的平面，灰色的网格部分是下沉广场，在这一层扩大了范围，增加了光线的射入。围绕着下沉广场，是一圈二到三层的挑高空间，进一步弱化了下沉广场的边界压迫感。整个

地铁的换乘大厅正好处于商业及下沉广场的正下方。通过扶梯以及垂直电梯，站厅可以做到与商业无缝衔接，从而让人流非常便捷地到达室外，或者进入购物中心，而不至于在站厅层积压。

到了地面上，两侧的建筑体量通过弧形的巨大桁架彼此相连，形成独立的结构体系，坐落在现有的结构柱网上。同时，这两侧沿街的建筑体量也成为支撑体，承担着中间最宽达 95 m 跨度的雨棚。这个雨棚和支撑体之间只是靠重力搭接，而没有刚性连接，防止巴黎季风天气时雨棚的风压变形影响到整个结构体系。

在巨大雨棚的正下方，是连接了地下三层商业的下沉广场。它的开口面朝花园，通过踏步逐层跌落，可以让行人以一种漫游的方式从花园逐步进入负三层。漂浮着的顶棚叶片之间层层叠合，其空隙可以让被阳光加热了的空气上升，花园一侧的空气进入补充，从而形成对流，在灰空间里制造一个微气候。

雨棚的构造相对比较复杂。15 组巨大的风叶通过各自上下两根粗大的弧形钢管固定在空中。钢管的直径从 600~1 170 mm 不等。两两之间，H 形断面的弧形不锈钢型材作为肋骨相连，从而形成一个网状结构。再次一层级，是肋骨上的拉杆以及上面固定的椽子。椽子之上安装有固定了夹胶玻璃瓦片的金属薄片。片状的夹胶玻璃鱼鳞状排布，彼此之间叠合并留有空隙。这确保了风能从其中通过，而雨水却会从一片玻璃流淌到下一片玻

017

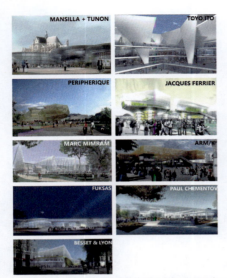

图25 雷阿勒街区改造建筑单体国际竞标，2007年　图片来源：展览《巴黎中心市场街区更新国际设计竞赛》阿森纳建筑展览馆，2007年

图26 帕特里特·贝格和贾可·安奇乌蒂事务所—雷阿勒街区改造　图片来源：巴特里克博格建筑事务所（Patrick Berger & Jacques Anziutti Architectes）

璃，最终沿着端部的雨槽汇集到风叶正中间的集雨槽中（图26）。

在夹胶玻璃的选择上，建筑师也做过一些尝试。最终采用的方式是通过强酸腐蚀玻璃，在夹胶的内侧形成波纹状的肌理。玻璃的颜色呈微黄色，这样即便是阴雨天，穿过玻璃的天光也会自然地将场地镀上一层阳光的暖色。

笔者曾在帕特里特·贝格和贾可·安奇乌蒂事务所作为表皮形态负责人跟随て项目从概念到工地建成的全过程。在这期间，水电结构以及各个专业的关联性让这个项目的落地变得格外复杂。最终，建筑师一直试图控制的最高顶标高从最初设想的12 m增加到了14.4 m。但在和整个基地周边的旧有建筑相处时，这个尺度仍然符合市政府的最初设想（图27）。虽然它无法做到像投标效果展示得那样轻盈和透明，但从对待周边街道的态度、流线的组织、空间尺度关系的处理来看，这个形态有些复杂甚至怪异的设计，骨子里仍然是一个相当学院派的作品。

从故事开始的1811年到2016年新巴黎中心市场交付使用，200多年里巴黎市中心的这块土地不断重复着拆除与重建的故事。可以预想的是，在未来的日子里，关于这块土地上的是非与争议仍将继续。就像《巴黎之腹》中描述的场景那样，巴黎市中心并不是只有布尔乔亚的奢靡——无论是19世纪来此务工的外省人，还是21世纪初在附近闲逛的郊区青年。如左派社会学家所相信的，在巴黎的市中心一定会有一块属于这些"微薄阶层"的领地，以便于声张他们的存在感并"催化"出他们与城市的关系。雷阿勒街区从那时起，就有这样的潜质。建筑师用设计让它暂时摆脱了这层身份，但是未来它会以什么样的方式触发出新的事件呢？巴黎人都在等待着。

参考文献

[1] MONCAN P D，CAMP M D. Baltard, Les halles de paris 1853-1973[M]. Paris：Éditions du Mécène, 2010.

[2] Baron Haussmann: Mémoires[M]. Édition intégrale. Paris：Éditions du Seuil, 2000. Précédée d'une introduction générale par Francoise Choay et d'une introduction technique par Bernard Landau et Vincent Sainte Marie Gauthier.

[3] COTTEREAU A. Les batailles pour la création du Métro : un choix de mode de vie, un succès pour la démocratie locale[J]. Revue d'histoire du XIXe siècle, 2004（2）.

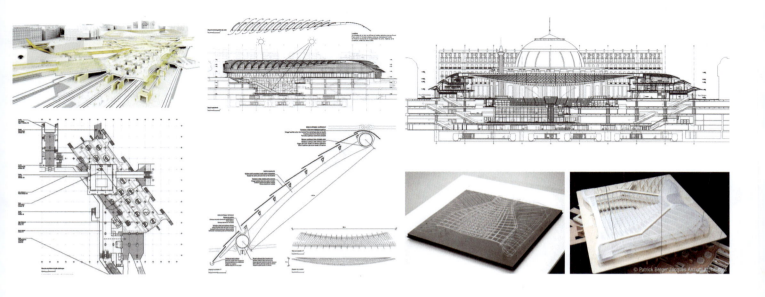

图 27 雷阿勒街区改造后景观　　图片来源：巴特里克博格建筑事务所（Patrick Berger & Jacques Anziutti Architectes）

Research on Driving Efficiency of TOD Station Space: Brief Introduction to Graduate Design Course of Urban Design for Suburban Rail Transit Stations

Yuan ZHU

效能驱动的 TOD 站域空间研究：市郊轨道交通站点城市设计研究生设计课程简述

朱 渊

图 1 百水桥站点在宁句线的区位　图片来源：项目组绘制

轨道交通的近郊延展，在解决基本"市—郊"交通连接问题的同时，承载了更多对于"市—郊"之间的空间连通、价值引导、人流疏解和资源整合的重要作用，这成为城乡融合发展的重要动力之一。市郊线网的发展，在都市圈发展、地块整合开发、优化生活品质中，具有激发近郊互动的强引导力。针对轨道交通发展特性，尤因与塞韦罗（Ewing & Cervero）等学者，在 3D "密度"（Density）、"多样性"（Diversity）和基于慢行体系的"设计"（Design）基础上增加了"交通换乘距离"（Distance to Transit）和"目的地可达性"（Destination Accessibility）特性，由此，将 5D 原则融入对 TOD "效能"特性的整体思考[1][2][3]。近些年不同学者在空间耦合[4]、协同发展[5]、站城一体化开发[6][7]等理念基础上，结合空间指数、场所属性、接驳效率、指标系统等各种不同的指标和维度[8][9]，拓展了对"效能"的进一步理解和研究。因此，从"效能"的角度思考和引导 TOD 的发展特性，有助于从内在机制探索 TOD 发展趋势[10]。

基于此，本次研究生设计课以近郊宁句线（南京—句容）的百水桥站点为设计对象，希望通过效能的驱动引导，以动态发展意识，实验性和前瞻性地探索市郊站点的特定属性和轨道交通站点迭代发展的长效机制，探索市郊站点的发展模式与潜力。该站点为两线换乘站，其中，相互之间的联络线穿过地块，需要结合地块开发进行一体化考虑；而下穿的城市快速路，为沿路的南北地块的连接带来挑战（图1）。

课程在轨道站点一体化设计目标下，从概念研究到整体设计，希望以一种效能意识引发全新动力，形成对已知和未知问题的全新探索，即在近郊特性研究的基础上，梳理影响效能的不同主题，探索提升效能的多元路径，并通过设计分析，基于差异化视角的聚焦，结合市—郊、城市—建筑的整合趋势，提出轨道交通站点站域空间发展的特定意图和发展路径。

1. 效能引导的基本认知

市郊轨道交通的发展进一步拉动了近郊之间的流动，而由此产生的信息、能量、资源和活力的传输与流动，形成针对轨道交通站点全面思考的宏观架构与特性整合，并带来了对于近郊空间整体与局部定位的系统化思考。针对站点的核心基本特性，须满足更为综合和精细化的站点开发、接驳、活力、价值等多方面需求。而这些基本需求上的交叉融合将以一种群集效应，在基本交通、功能诉求中产生更为复合的附加值，由此对空间价值和效能产生关联和影响。

因此，基于关联效能基本问题的梳理与重塑，课程将在进一步针对性地分析研究区位价值、接驳效率、影响域圈层、开放复合功能与形态类型的基础上（表1），通过对不同主题的聚焦，形成各组的设计与研究主题的基础建构，从而建立各差异化设计的基础。

表1 效能引导的基本认知

效能	市郊线特性要点	效能特性	百水桥站点特性要点
区位价值	近郊区位的差异性，带来端点开发的多元定位。如，市郊站点经历的城市—城市边缘—大型住宅区—工业区—自然景区—乡村—镇中心区—城市边缘—城市高铁等特色各异的城郊地区，形成了对于课题特定站点的综合定位	城市资源分布、兴趣点可达、地价高低	本站点为住区型换乘站，周边配套有社区中心和社区医院、菜场等功能。地块内有城市绿地景观
接驳效率	"交通接驳+空间接驳"的整合，在疏解了大量人流的同时，也营造了相应的空间模式。各站点刚性的快速交通接驳与弹性的功能空间接驳结合，组织不同接驳类型下的空间模式，将有效引导未来城市空间与形态的发展模式	慢行连续性、步行空间品质、换乘路径便捷性	站点为地下两线换乘，同时需要通过建立南北之间的便利的慢行联系，缝合被快速路割裂的南北地块便利联系
影响域圈层	从距离核心站点远近，定义地块的差异化价值，从三维等时的多维尺度建立地块空间的整体意义，让地块具有空间、时序、价值等不同维度的特性	街区模式、慢行模式、三维土地使用模式	通过建立三维等时慢行接驳圈层，从发展的动态视角进一步探索提升地块价值的可能性
开放复合功能	功能不再是单一定位，而是在各站点整合与互动交流下的功能混合与动态共享，也是在对各种空间、交通、现状协调下的弹性定义。而多功能叠加下的进一步功能留白，也突出体现了市郊站点开发的时序特性	功能多样性，叠加密度、空间弹性	结合住区站点的特性，探索 TOD 社区模式，合理配置相关的辅助功能，并由此带来具有混合活力的业态模式
形态类型	从宏观定位到微观认知，定义市郊站点形态特色。结合地块属性、接驳机制和功能定位，形成具有差异化、复合化的空间形态。其中，空间的一体化体验，在快与慢、上与下、动与静等特性引导下，基于物理性能的优化，形成基于人的行为、感知与体验的空间综合呈现	形态差异化、复合化	结合人的行为需求，探索多种功能、形态多样的感知空间

表格来源：笔者自绘

2. 近郊问题的能动激发

在市郊轨道交通站点空间建设发展中，以动态发展的视角对轨道效能进行多元认知，并综合判断交通、空间、开发、收益、时序等不同层面的发展时效，轨道交通的发展过程受到以下几方面的影响（表2）。

首先，市郊线发展的差异化时序推进，带来了时空发展的断续低效。通常而言，如果站点与地块开发不能一体化实施，轨道建设与地块开发之间存在较为明显的建设时差。由于近郊的市场成熟度较低，地块开发前期交通单一主导，无法通过整体精细化研究，明确预测空间功能，进而充分体现站点和沿线的开发价值。因此，轨道交通建设与地块开发之间的时差影响，使得市郊站点周边地块发展滞后成为常态。

其次，权力管控空间之间的独立性，导致了管控协同和公共利益的低效整合，带来了一体化设计的实施困难。实践证明，地块传统的标准化管控图则，无法有效地应对多维空间的整合管控。在进一步的空间、需求和技术整合的基础上，引导更为有效的管控与激励方式，将带来对于站点特定意图空间的设计、管控与建设的联动机制。

此外，各站点住宅开发利益与城市公共功能空间共享之间有待协调。商业和办公业态的市场性饱和，使得站域空间中公共功能与特定功能之间需要灵活转化和弹性预留。如同东京城市发展中探索的从"一元"向"多元"的发展概念，对于未用土地的开发与二次开发，承担了面向未来的不确定

表2 效能引导的基本认知

宏观维度	TOD 2050
	共享 TOD
	自然景观结合的城市性
地块模式	适宜密度街区模式
	TOD 混合住区模式
	类型化共享
慢行体系建构	速率街区
	10 min 慢行圈

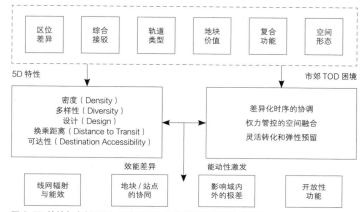

图2 5D 特性与市郊 TOD 困境引导下的效能差异的能动性激发

性与弹性[1, 11]。这将与空间形态与运行方式结合，成为市郊站点开发的特色之一。

因此，基于现实问题的效能激发，需要我们深度讨论具有近郊特色的空间形态与发展模式与动力，从而形成面向未来开启的可能性（图2）。

1) 线网辐射与能级：从线网规划的宏观系统出发，结合不同的时序，合理定位站点发展能级、开发强度，并从地块能级的辐射影响，主动思考效能提升的方法与策略[12]。

2) 地块与站点的协同：进一步研究站点类型与地块之间的关联，包括一般站/换乘站、道路站体/进地块站体、地下站/地上站、划拨/出让等一系列的关系，考虑对于不同站点的特性引导。

3) 影响域内外的极差：通过特定指标划定区的确定，让站点（核心）影响域和周边区域产生指标与管控模式的极差，由此带来城市形态、经济收益、空间密度以及城市活力[13]等多维差异，从而形成影响范围引导下的差异化站域建设策略。

4) 开放性功能：功能的留白和可变性，为未来发展带来一定适应性与发展弹性。空间属性的类型化定义代替了具体的功能定义，将促进站点空间使用的灵活性转变，也为站点周边地块特定意图区的精细化管控带来思维方式的转变。

3. 近郊特性的策略引导

效能引导下的特色彰显，一方面强化对于轨道站点的前置性思考，一方面希望让教学与实践的基本问题之间产生同质性的推进，并从各实质性的问题中找寻可以从实验性进行延续的发展路径，其主要体现以下层面的推进意义：

1) 系统层面：线—网架构的流动性共享与城市切片。在线网的整体设计中，通过线网与站点地块之间的连通，强化线与线、站点与站点之间的连通和群聚效应，形成"宽度"和"厚度"结合的市郊轨道网络结构，形成一种城市切片，叠入城市发展脉络，在整体风貌、开发强度、廊道连接、经济收益等方面起到积极影响。

2) 多义嫁接：不同地段的差异化定位与互补联动。市郊线所经地区的区位复杂，功能混合，风貌多样。从单线穿行到全线交织形成的多义叠加网络，形成了整合、互补和聚集下的多层级效应，由此带来对全线站点、站点周边地块以及其他相关建设地块的重新定位与模式架构，形成面向未来的发展策略。因此，不同地段的差异化互补，让设计站点与其他站点之间

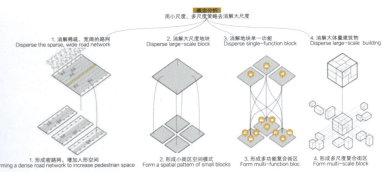

图 3 P+TOD 概念模型与周边绿化结合的站点剖面设计　图片来源：韩佳琪、廖玥

图 4 不同地块的密度与模式研究基础上，小地块地上、地下空间整合设计研究　图片来源：罗洋、罗梓馨

图 5 住区公共空间类型研究和不同量级住区类型研究　图片来源：肖一鸣、方泽儒

形成互为关联的层级系统，从而在整体中思考单一站点的特色与发展。

3）长效弹性：留白的开放性承载与弹性预留。针对市郊站点的发展具有时间长、差异大、面向未来一定的不确定性和可变性的特征，设计中承载了应对不同时期的开放与适应性。这将有效地增强站点地块周边发展的弹性与长期潜力。适度的空间留白、弹性的功能适应、公共利益导向的奖励措施等等，为市郊轨道交通站点的开发，形成可以被进一步思考、探索和适度自我更新的空间。

4）地块联动：地块经营模式与慢行嫁接。轨道站点周边的地块发展，为了创造更多的公共活力的慢行界面，承载了更多地上地下联动、小地块一体化和地块联动开发的可能性。而这种可以被进一步慢行感知的公共界面的塑造，带来了不同的空间组织模式和感知特性。其中，地块的大小、道路的使用方式以及地块整合和分离的模式，将有效地探索整体系统与局部感知之间的差异性。

5）管控能动：特定管控与特殊发展。针对规划管控的指标体系的特定研讨，将体现特定区域的地块、空间和使用价值，能有效地引导设计带来的未来潜力。站域区间的差异化策略，将平引导传统指标的特性，形成"城市再生特别区"[2, 14]，如绿化率、密度、容积率等突破一般地块的指标控制，将充分体现地块价值。

4. 近郊主题的特色发展

基于以上分析引导，设计课程通过以下各主题，针对市郊站点的特点，进行轨道站点及周边地区的设计探索。

1）自然景观结合的城市性。该设计结合场地西北象限山地现状，在提升站点能级的基础上进一步结合地下展厅空间与山地景观的连通，呈现具有公园化的空间关联，以打造商业价值和自然景观集聚的城市空间类型。在此，结合站点三维公园的空间塑造，使得城市站点公园的类型与内涵发生了较为丰富的变化，让我们从交通城市节点的城市营造中，重新反思公园的基本属性和特色延展（图3）。

2）适宜密度街区模式。适宜密度，包括了对于各种与密度关联的要素之间的联系，其中包括：地块大小如何适应人流密度，如何形成对功能密度的定义，如何产生空间与密度关联的城市状态等，从而形成从物理密度向感知密度的系统发展。

同时，为了创造通行快捷、密度高、尺度宜人、环境优美、行人相对安全的 TOD 中心区，改变近郊大街区模式下交通对地块的割裂状况，方案尝试以"密路网、小街区"的模式，在影响区间打造具有尺度宜人、多沿街界面的街区格局，并以地上地下一体化开发入手，进行空间环境和氛围的体验，探讨地上地下的产权划分、地下空间整合、街区连续公共空间、交通接驳、功能复合等问题，打造轨道站域的小街区开发模式（图4）。

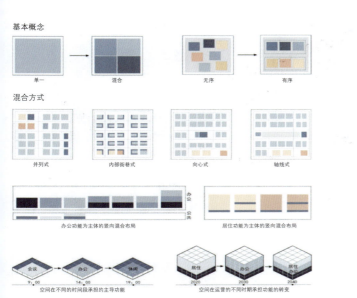

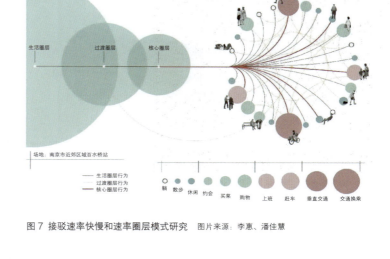

图7 接驳速率快慢和速率圈层模式研究　图片来源：李惠、潘佳慧

图6 具有时间性的地块的功能弹性变化与相应的分析模式调整以及功能混合下的地块发展模式研究　图片来源：陶立子、徐洁

3）TOD混合住区模式。站点周边的功能混合和大量的居住需求，无疑是TOD站点功能定位中需要面临的重要问题。人们在不断地理解TOD带来的生活变化的同时，也在不断地改变自己的生活方式，居住的人群、需求、模式将随之发生变化。是单身居家的过渡性模式，还是家庭式的安居模式？是单纯的居住，还是混合功能下的居住？是靠近站点，还是适当远离站点？对于不同类型的居住人群，会有不同的居住需求，由此产生不同的居住模式（图5）。

基于此，地铁建设提供了作为便利的车站与城市换乘的交通体系，带来水平与垂直的叠合和可选择的出入可能；规划管理与设计将结合不同的需求和城市的形态意向，确定用地属性的划分；商业开发则根据距离远近对于居住模式与品质的关联度进行居住类型定位。由此，不同角色与部门的协同将形成对于居住类型、人群接驳和空间形态的差异化呈现。

4）类型化共享。轨道站点周边的精细化设计以及大量人流的共享，带来地块发展的拓展机会。不同层级的共享、不同空间的共享、不同共享对象的定义与引导，将促使地块开发在类型化分析引导下，进行不同的单元空间组织。这使居住社区类型随着不同的共享需求与便利性，呈现面对社会不同的开发度，这也为站点周边的城市空间带来一定的内在驱动力。

在站点产生各种共享机会的同时，也将在不同的站点之间体现流动特性下

的互动互联，由此带来更大范围的共享机会。而这种共享也带来了各种活动、事件在不同地点激发的多样性，以及由此形成的信息互动和能量互给。这种共享，在富裕的运量基础上，带动客运、物流形成更多的组织和协调，并形成站点功能的特殊化定义（图6）。

5）速率街区。轨道交通站点的发展，使得人们在站点与周边地块之间产生了不同的"接驳"衔接需求。在不同的动力驱使下，刚性与弹性、快速与慢速的需求，以不同的速率形成了相互之间交织的网络，并形成特定的城市空间形态。快慢系统的梳理，不仅是一种对于轨道站点周边系统慢行体系的综合梳理，更是一种重新组织场地的圈层和流动性的重要方式。这也是在公共性、高效性、生活性的组织中，重新思考站点及其周边地块开发的组织模式（图7）。

慢行交通组织下不同速率的叠加，带来了对于城市区域的重新定义。$0.5X$、$1X$、$1.5X$以及$2X$的速度定义，一方面定义了快慢圈层，另一方面也将人的行为属性进行了一次分离与融通。让接驳功能与接驳体验通过不同的空间进行并置与分离，由此形成可以被进一步高效衔接的系统节点，从而丰富站点的层级活力。

6）10 min慢行圈。慢行系统的建立，高效地实现了轨道站域空间的公共性与接驳效率之间的互动联系。不同的接驳对象与接驳之间的换乘，使慢

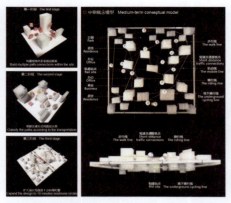

图8 不同慢行接驳圈层行为模式研究和地块慢行接驳圈层空间模式研究　图片来源：刘潇云、廖彤瑶

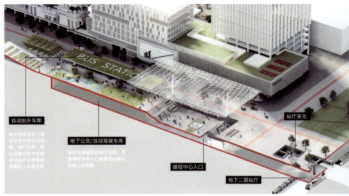

图9 慢行接驳圈层下的地上、地下空间接驳模式　图片来源：王浩、庞家琪、李忆瑶

性路径中的空间、功能、感知及价值等，均发生了巨大的变化，也使得慢行圈层形态和范围发生变化。10 min 的慢行圈层，旨在以不同的慢行媒介进行拓展，呈现不同的慢行路径，从而在沿线地块形成可以被不断提升的界面价值与空间活力（图8）。

7）TOD 2050。作为应对市郊 TOD 未来发展的探讨，设计聚焦城市格局的变化，探索基于理想郊区生活方式的站域空间的发展模式和交通接驳可能性。在城镇化发展的背景下，郊区兼有城市的便捷性与乡村的舒适性，而信息时代的到来也必将使城市组织模式和工作生活方式产生根本性的变革。功能混合与多样混居的城市组织模式、以车为本向以人为本的转变、职住平衡短程通勤的生活方式、精明增长与集约化土地利用等话题，将在城市格局的变化下呈现特殊的组织模式（图9）。

8）共享 TOD。市郊站点在不同时间尺度上，存在由于人流潮汐性而造成的开发冗余问题，和由于特殊区位造成的"圈层—影响级"问题。通过将"共享"这一概念解析为"共享经济"与"共享空间"两种手法，在三个影响圈层上解决市郊线存在的问题。使站点能够在清晰地解决不同时间点的交通接驳的同时，也能使开发空间在不同时段中保持高效利用状态，从而提高其商业机会和社区活力（图10）。

9）TOD 慢行。慢行体系的完善从道路交叉口这个焦点开始。街心不仅处于两线换乘之地，同时也有下穿道路经过，将原本完整的地块割裂，且步行空间局促。方案从此出发，打破传统沿城市道路行走的线性慢行空间，形成自由舒适的二维、三维一体化慢行体系，消解城市边界，将该地块变成一个自由流动且可以自由穿梭的立体公园，向周边市民开放（图11）。

5. 展望与期待

从效能驱动的角度出发，在研究生课程中讨论市郊站点在城市设计中的发展潜力，一方面指向于基于轨道站点基本问题的实践性探索，另一方面希望在效能激发的基础上，形成对于未来轨道站点发展问题的系列性研究。其中，市郊轨道交通站点发展中关于自然、共享、混合、类型、速率、慢行等一系列关键词的深度探索，将在系统、多义、长效、管控等相关效能推进的基础上，逐步形成可以被进一步认知的影响力和实践路径。而这些要素，如何进一步在三维量化的角度进行空间定义[15]，将是未来从研究到课程需要进一步展开与转化的方向。

参考文献

[1] CERVERO S C. Toward Green TODs[R]. Berkeley: UC Berkley Center for Future Urban Transport, 2010.
[2] CERVERO R, KOCKELMAN K. Travel demand and the 3Ds: Density, diversity,

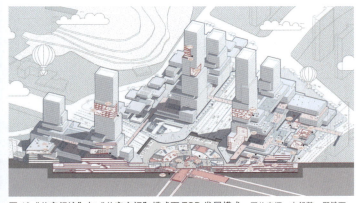

图10 "共享经济"与"共享空间"模式下TOD发展模式　图片来源：韦舒懿、邱健雨

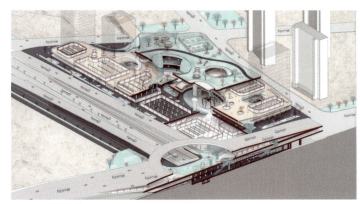

图11 立体慢行体系　图片来源：许娟、陈嘉逸

and design[J]. Transportation Research Record, 1997, 2（3）：199-219.
[3] 夏正伟, 张烨. 从"5D"到"5D+N"：英文文献中TOD效能的影响因素研究[J]. 国际城市规划, 2019, 34（5）：109-116.
[4] 潘海啸, 任春洋. 轨道交通与城市公共活动中心体系的空间耦合关系：以上海市为例[J]. 城市规划学刊, 2005（4）：76-82.
[5] 卢济威, 王腾, 庄宇. 轨道交通站点区域的协同发展[J]. 时代建筑, 2009（5）：12-18.
[6] 日建设计站城一体开发研究会. 站城一体化开发：新一代公共交通指向型城市建设[M]. 北京：中国建筑工业出版社, 2014.
[7] 张灵珠, CHIARADIA A. 大数据背景下轨道交通站点区域TOD效能评价研究：以香港为例[J]. 建筑技艺, 2020, 26（9）：85-89.
[8] BEATLEY T. Green Urbanism: Learning from European Cities[M]. Washington, D.C.: Island Press, 2000.
[9] 夏正伟, 张烨, 徐磊青. 轨道交通站点区域TOD效能的影响因素与优化策略[J]. 规划师, 2019, 35（22）：5-12.
[10] EWING R, CERVERO R. Travel and the built environment: A synthesis[J]. Transportation Research Record: Journal of the Transportation Research Board, 2001, 1780(1): 87-114.
[11] 矢岛隆, 家田仁. 轨道创造的世界都市：东京[M]. 陆化普, 译. 北京：中国建筑工业出版社, 2016.
[12] 唐枫, 徐磊青. 站城一体化视角下的轨交地块开发与空间效能研究：以上海三个轨交站为例[J]. 西部人居环境学刊, 2017, 32（3）：7-14.
[13] 徐磊青, 刘念, 卢济威. 公共空间密度、系数与微观品质对城市活力的影响：上海轨交站域的显微观[J]. 新建筑, 2015（4）：21-26.
[14] 日建设计站城一体开发研究会. 站城一体开发Ⅱ：TOD46的魅力[M]. 沈阳：辽宁科学技术出版社, 2019.
[15] 张灵珠, 晴安蓝. 三维空间网络分析在高密度城市中心区步行系统中的应用：以香港中环地区为例[J]. 国际城市规划, 2019（1）：46-53.

注释

1　《东京都长期计划》中认为，这些是面对未来具有极大可能的用地，也将成为城市发展的业务功能中心，并将维持文化、信息、交通等多方面建设的东京市活跃与发展中心。
2　日本东京涩谷与新宿车站，是对城市再生有较大贡献的项目，享受有更高的自由度，由此保证民间企业对城市规划提案的可行性。

Teaching and Practice of Urban Design in the Influence Area of Rail Transit Stations: Exploration on the Method of Combining Design and Simulation

Liu YANG

轨道交通站点影响域城市设计教学与实践：设计与模拟相结合的方法探索

杨 柳

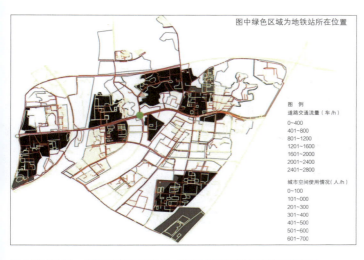

图1 距基地3 km范围的现状量化分析：道路交通流量和城市空间使用情况

图1~图12图片来源：笔者自绘

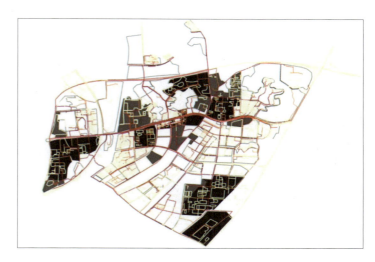

图2 距基地3 km范围的城市设计方案一：小尺度TOD开发模式研究

1. 引言

在建筑与城市设计实践和教育中，分析、设计、评估、决策相结合的一体化设计方法日益受到重视[1]。在当今的数字化城市设计时代，分析与评估环节的方法与工具革新尤为重要[2]，量化研究方法、计算机辅助工具等日益受到关注。其中，计算机模拟技术可以借由一系列指标对不同的设计策略和方案进行评估，为城市设计的决策支持提供帮助。城市模型（Urban Models），尤其基于主体的模型（Agent-Based Model，ABM）在分析城市复杂系统（包括物质空间、个体、社会、自然环境等要素）的内在机制，预测不同规划设计方案的绩效、方案评估等方面具有明显优势[3]。ABM可以模拟人在城市空间及交通网络中的复杂行为[4]。在项目实施之前，使用计算机模型预测和评估不同城市环境中人与群体的行为活动，有助于营造安全、舒适的城市环境。

模拟交通运输网络、城市空间、人的行为活动几者关系的研究逐渐增多[5]，但在TOD的设计中仍缺乏将城市模拟支持工具与城市设计方法相结合的一体化方法。由此，在本次研究生设计课中，我们提出一种"设计—模拟"方法以及一套多尺度集成模型来推进方法与工具的革新[6]。在前期研究中，该方法已被应用于京张高铁地下化后地面空间与交通基础设施的一体化设计研究中，通过采用由伦敦帝国理工学院开发的智慧城市模式（Smart City Model）分析了交通和公共空间设计对当地空气质量和微气候条件的影响[7]。在本次课程中，笔者在GAMA平台中开发了一个新的基于主体的建模技术（ABM），并将其应用于南京市百水桥地铁站及周边城市空间的一体化设计案例中，本文内容部分引自论文[8]。

2. 计算机模拟方法

为了辅助学生进行量化城市设计，笔者为此次课程开发了Transport-Spaces-Humans（T-S-H）模型。该模型采用ABM，使用南京第六次人口普查的社会人口数据和南京市交通运输局提供的公共交通统计数据作为输入，对城市道路交通网络、土地使用等信息在GIS中进行计算机建模，通过模拟人在城市中一天内（某工作日）的出行、办公、游憩、居住等活动，预测不同城市空间的使用率、道路网络的车流量等数值（图1）。T-S-H模型实现了对TOD设计方案在宏观（地铁站周边3 km范围，图2~图6）和中观（地铁站周边1 km范围，图7~图12）两个尺度的量化评估，并可支持多方案的比选，以期为建筑设计、城市设计、城市规划等专业从业人员和学生提供针对方案特定关键绩效指标（KPI）的定量评价。

课程中所有5个小组的成员都参与了对基地现状的GIS建模，将其导入T-S-H模型之后，完成了对现状交通、城市空间、人的行为的模拟。此外，

图 3 距基地 3 m 范围的城市设计方案二：TOD 社区研究

图 4 距基地 3 km 范围的城市设计方案三：共享 TOD 研究

各小组根据各自设计的重点和设计方案对 GIS 图层中的多个指标进行了修改，再次导入 ABM 后实现了对不同 KPI 的预测，如密度、混合使用公共空间、人流量。

3. 量化分析结果

（1）针对现状的量化分析

图 1 所示为针对现状宏观尺度的道路交通流量（每小时通过路段的机动车数量）、城市空间使用情况（每小时空间的使用人数）的量化分析结果。图中线段的红色越深代表每小时驶过的车辆越多，地块的黑色越深代表该时间段内使用人数越多。

（2）宏观尺度（3 km 范围）方案对比

在分析现状交通运输网络与城市空间的使用情况之后，每个小组根据各自的设计出发点，对研究地段重新进行设计，并将 SketchUp 和 Auto CAD 中的设计方案转化为 GIS 图，分别对开发强度、土地使用功能分布、混合使用程度以及道路网络等进行调整。五套方案的具体修改内容如下，量化分析结果如图 2~ 图 6 所示。

方案一——小尺度 TOD 开发模式研究
开发强度：提高了临近地铁站地块的开发强度；
功能调整：增加了地块内办公用地的比例，调整了南侧地块高层建筑的位置及分布；
混合使用：对不同用地类型的比例进行调整，提高了地块的功能混合度。

方案二——TOD 社区研究
开发强度：提高了临近地铁站地块的开发强度；
功能调整：在基地核心区内布置高层公寓楼 + 商业，南边两块住宅区设置为住宅 + 商业的功能，将基地外部南侧规划中的住宅区角部的住宅楼改成商业 + 住宅；
道路调整：道路网络方面，在六块用地中增加了步行道和自行车道。

方案三——共享 TOD 研究
功能调整：增加周围地块的办公功能，对原有单一居住功能的地块，增加

图5 距基地3 km范围的城市设计方案四：多种交通方式研究　　　　　　　图6 距基地3 km范围的城市设计方案五：10 min轨道慢行圈研究

其休闲功能的比例；
混合使用：增强了周边地块的混合度。

方案四——多种交通方式研究
开发强度：提高了临近地铁站地块的开发强度；
功能调整：提高了办公和商业的功能占比，对东南角地块重新进行了划分；
道路调整：将南部穿过地块的道路改成了下穿隧道，内部增加了人行道路和自行车道路等慢行系统。

方案五——10 min 轨道慢行圈研究
开发强度：提高了临近地铁站地块的开发强度；
混合使用：改变现状地块的单一功能，增加了商业、办公、居住、公园等功能，每个地块均为混合功能；
道路调整：在道路网络方面，增加了慢行路径的数量和辐射范围，设置骑行＋步行、纯步行网络。

对比基地周边3 km范围的量化评估结果可以发现，同时增加地块的办公功能和游憩功能（包括商业、办公、公园等）可以最大限度地提升地块的

使用率，提高基地内部路网的连通度可以带动基地内部及周边区域的土地使用率。

（3）中观尺度（1 km范围）方案对比

在对宏观尺度方案进行量化分析之后，各组进一步聚焦于中观尺度，即围绕地铁站的1 km半径范围，详细分析地块层面上道路交通及公共空间的使用情况。图7～图10是对方案一在一天中早晨（7:00—8:00）、上午（10:00—11:00）、下午（15:00—16:00）、夜晚（20:00—21:00）等时间段的使用情况的可视化分析图。可以发现，在一天当中（以工作日为例），不同城市空间从早晨到中午、下午，使用强度的分布逐渐趋向均匀。

此外，在横向对比五个方案后发现，基地内东南侧地块在晚间的使用率普遍较低，有待进一步优化。

（4）中观尺度（1 km范围）方案优化

在对现状的宏观和中观尺度进行设计和量化评估之后，各组依据分析结果、

图 7 距基地 1 km 范围的城市设计方案一：7:00—8:00 量化结果　　图 8 距基地 1 km 范围的城市设计方案一：10:00—11:00 量化结果　　图 9 距基地 1 km 范围的城市设计方案一：10:00—11:00 量化结果

围绕设计主题对各自方案进行了修改。

以方案一为例，优化后的方案对功能做了进一步调整，不同用地属性的比例有所改变，以提高基地北侧和东南侧地块的使用率。图 11~ 图 12 是对优化后方案的量化评估结果的可视化分析图。

4. 结语

本次计算机模拟辅助设计教学是对数字化城市设计方法的一次探索：首先，在课程前期向同学们讲授了交通基础设施与公共空间整合设计、TOD、基础设施城市化等领域的量化分析与计算机模拟方法；其次，在课程进行中讲授了 QGIS 等量化设计与分析软件的使用方法；最后，指导研究生运用 ABM 定量地评价了不同的 TOD 城市设计方案，并为方案的比选和优化提供了客观的数据支持。在下一步的教学与研究工作中，还将进一步优化所开发的模型，结合此次教学中出现的实际需求，有针对性地改进模型的评价指标，构建便于建筑学与城乡规划学学生操作的多维度计算机模型。

 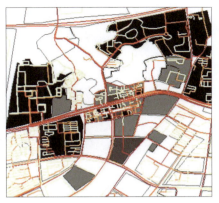 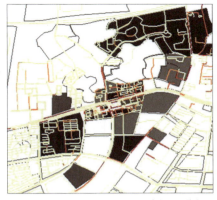

图10 距基地1 km范围的城市设计方案一：20:00—21:00 量化结果

图11 距基地1 km范围的城市设计方案一优化：7:00—8:00 量化结果

图12 距基地1 km范围的城市设计方案一优化：10:00—11:00 量化结果

参考文献

[1] GIL J, ALMEIDA J, DUARTE J P. The backbone of a city information model (CIM): Implementing a spatial data model for urban design[C]. The 29th eCAADe Conference Proceedings，2011.

[2] 王建国. 基于人机互动的数字化城市设计：城市设计第四代范型刍议[J]. 国际城市规划，2018, 33（1）：1-6.

[3] NAMAZI-RAD M R, PADGHAM L, PEREZ P, et al. Agent based modelling of urban systems[M]. Springer：Springer International Publishing，2017.

[4] KITCHIN R，THRIFT N. International encyclopedia of human geography[M]. Oxford, UK: Elsevier，2009.

[5] YANG L, DAM K H, MAJUMDAR A, et al. Integrated design of transport infrastructure and public spaces considering human behavior：A review of state-of-the-art methods and tools[J]. Frontiers of Architectural Research, 2019, 8（4）：429-453.

[6] YANG L, DAM K H, ANVARI B, et al. Multi-level agent-based simulation for supporting transit-oriented development in Beijing[R]. The 6th International Workshop on Agent-Based Modelling of Urban Systems, 2021.

[7] YANG L, ZHANG L, STETTLER M E J，et al. Supporting an integrated transportation infrastructure and public space design: A coupling simulation methodology for evaluating traffic pollution and microclimate[J]. Sustainable Cities and Society, 2020，52（1）.

[8] YANG L, DAM K H, ZHU Y, et al. Supporting the use of agent-based simulation models by non-modeller urban planners and architects[R]. Social Simulation Conference 2021，2021.

案　例

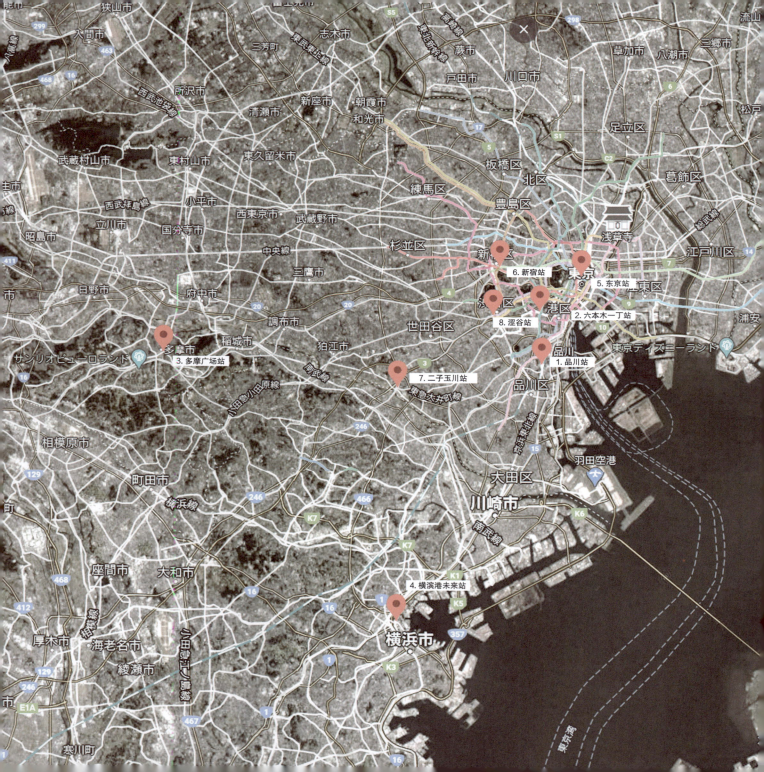

日本 TOD 调研案例

1. 品川站

2. 六本木一丁站

3. 多摩广场站

4. 横滨港未来站

5. 东京站

6. 新宿站

7. 二子玉川站

8. 涩谷站

品川站

案例位置：日本东京港都区
案例特色：东京最繁忙的车站之一
　　　　　品川站东地区再开发
　　　　　地铁史上最古老的车站之一
启用时间：1872年品川站、2003年品川新站
案例业态：商场、办公、公寓、酒店、巴士站

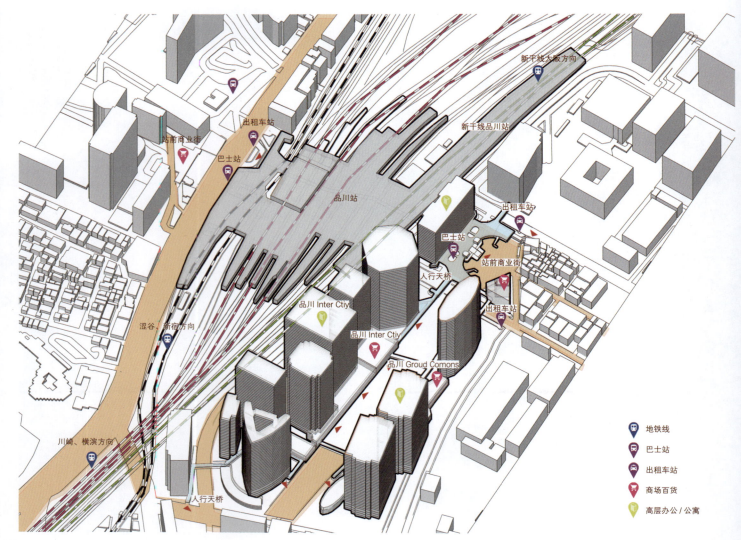

1872年开业的品川站（Shinagawa Station）是日本铁路史上最古老的车站之一，是东京都南部的交通枢纽。品川站作为东京最繁忙的地铁站之一，共汇集了9条地铁线和铁路线。品川的崛起得益于2003年建成的JR东海道新干线品川新站。根据品川站东地区再开发计划，将原来的"准工业区"改变成品川Inter City，同年东西联络通道完成，车站也被抬升。2003年东海新干线品川站开通，2004年品川Inter City的邻接地"品川Ground Commons"竣工，JR山手线、京滨东北线的品川新站则于2020年通车。

品川站模式图

巴士站 1F

地库出入口 F1

出租车站 1F

过街天桥

东口 2F

西口 1F

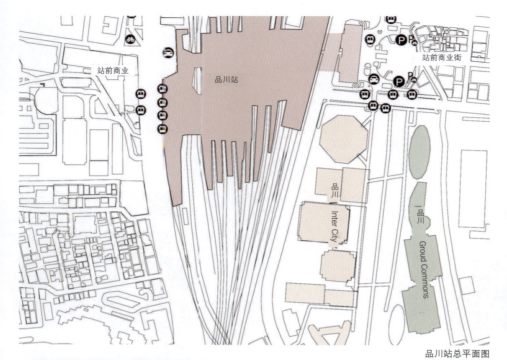
品川站总平面图

东口站前商业街

西口前商业街

公寓楼、办公楼

Inter City 和 Groud Commons 之间绿地

步行网络

通往品川 Groud Commons 的天桥

自行车停车库

通往一层巴士站的楼梯

六本木一丁目站

案例位置：日本东京港都区
案例特色：站点与城市综合体衔接空间
　　　　　城市设计与项目设计相结合
启用时间：2000 年 9 月 26 日
案例业态：商业、办公、住宅、博物馆

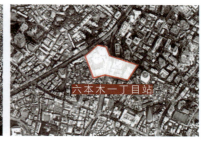

六本木一丁目站位于日本东京港区，最早于2000年9月26日正式开业，原名东六本木站，后因日本地铁民营化在2004年由东京麦德龙继承开发。地铁站月台层位于地下四层，东出口连接泉水花园大楼，通过一个阶梯式下沉广场以及城市走廊将泉水花园大楼、泉庭别邸以及泉屋博物馆分馆串联起来。泉水花园大楼是一个具备商业、办公等功能的高层城市综合体建筑。泉庭别邸是高层住宅楼，泉屋博物馆分馆是多层博物馆建筑群与建筑绿地的结合。

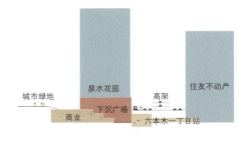

六本木一丁目站模式图

东出口 F3

西出口 F3

阶梯式下沉广场

城市走廊

高架东京放射路

下沉商业区

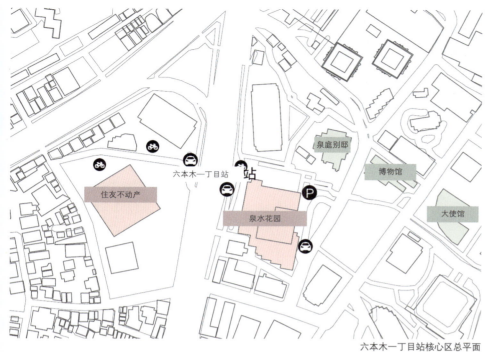

六本木一丁目站核心区总平面

城市综合体

空中共享大厅

室外吸烟区

公共休息处

自行车车库电梯

通往共享大厅的扶梯

通往别邸的道路

通往城市道路的天桥

多摩广场站

项目位置：神奈川县横滨市青叶区美丘一丁目，多摩田园都市中心位置
连接站点：多摩广场站
项目业态：购物商场、停车场、巴士站
开工时间：2006 年

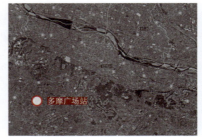

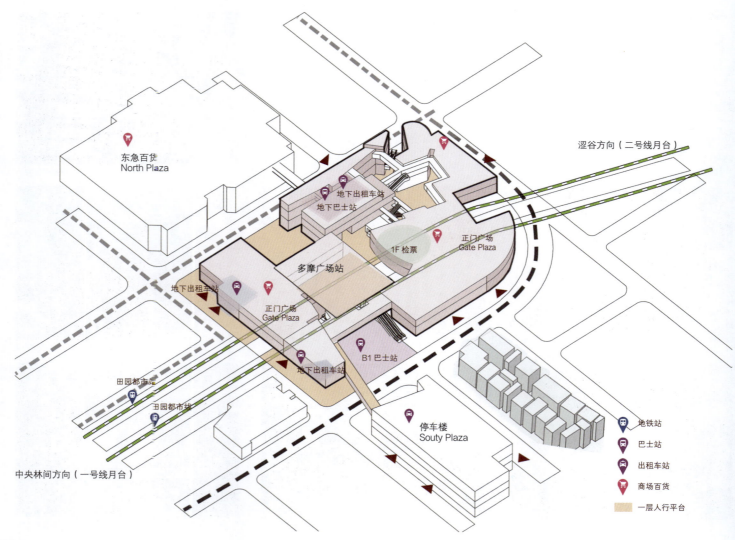

再开发目标：高度利用土地资源，引入商业、办公、文化等城市功能，实现新城的活性化。通过区域再开发前后的多摩广场区图底关系对比，可见经过整合后的多摩广场区将原先被轨道所分割的南北地区通过轨道交通广场上方的人工地盘连接形成一体，形成完整的商业圈。在多摩广场站周边约300 m范围内，形成商业、办公、住宅等功能圈层化的街区型布局。原有地面停车场及南北交通广场被改设在商业建筑的地下空间内，在节约土地资源的同时，对人车进行了分流。

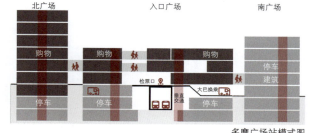

多摩广场站模式图

巴士站 B1

铁路上盖板广场

检票层 1F

过街天桥

地下巴士站出入口 1F

地下停车场下口

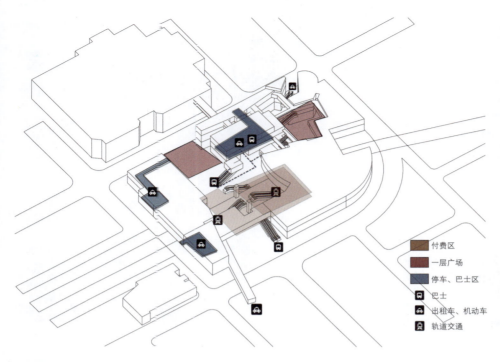

付费区
一层广场
停车、巴士区
巴士
出租车、机动车
轨道交通

站台与站厅的连接

站厅出口

站厅层

正门广场

通向北口百货与场站

北口车站活动广场

活力广场

活力广场

横滨港未来站

项目位置：神奈川县横滨市西区港未来二丁目 3 番
项目业态：购物商场、酒店、办公、文化、车场
建筑面积：49 万 m²
建成时间：1997 年
日平均乘降人数：8 万人（2017 年）

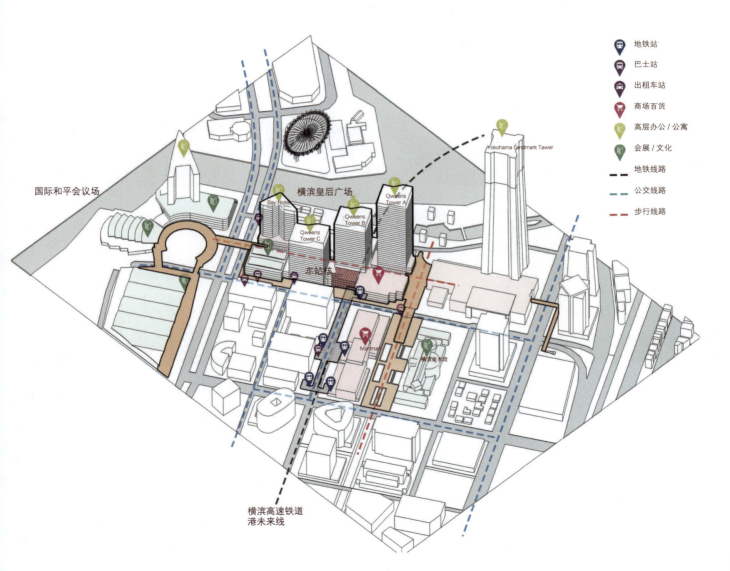

"未来港湾21世纪"城市设计计划，是一个开发与环境结合的成功案例。它通过重建横滨市中心部分地区建构海滨都市，兴建起横滨博览会旧址上的一座未来城，简称其为MM21。规划以贸易和国际交流为核心，配置商贸大厦、会议中心、展览中心、电讯港、多元信息中心、美术馆、海洋博物馆以及滨水步行绿化系统，与原有市中心相结合，形成中央商务区，建筑规模为300万～400万 m^2，目前是一个新城市前区综合体。未来港周边交通便利，有发达的铁路交通网和公共交通网，穿插有如右图两条步行轴线构成的城市轴线，共同创建了一个安全舒适的步行网络。同时游乐设施与城市公共空间完美融合，成为城市一景，并划出总用地的1/4作为公园用地。以维持和谐的城市综合功能。

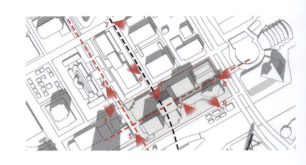

皇后商场入口与地铁站地面5出口

高架人行轴线下公交车站与自行车场

商场出口平台望向游乐场与摩天轮方向

步行轴线望向皇后商场

步行轴线尽端室外公共剧场

地铁沿线道路公交站点

地铁出口与公交接驳站点

皇后商场通道出口望向会议会展中心

皇后商场停车处入口

伴随着横滨港未来 21 地区的开发，横滨高速铁路港未来线的港未来站规划也同步启动。由于车站是引入客流的重要源头，所以车站的规划先于横滨皇后广场的建设。港未来站位于连接樱木町站到横滨国际平和会议场的皇后商业街的节点。港未来站的站台位于地下六层标高，其上方是一个直达地面二层皇后广场的通高空间，即车站核。在皇后广场内，车站核的地上部分呈现为开放的玻璃中庭，整个空间贯穿着具有代表性的红色扶梯。从这里向下望，可以看见正驶入车站的列车。通常隐藏的地上与地铁的联系在此处一览无余，流线空间也变得清晰可见。此处的站城连接是通过开发初期对车站的调整而实现的，也是车站核最早期的实例。

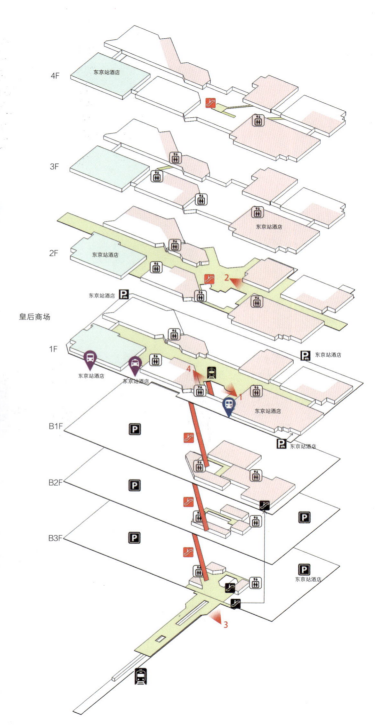

东京站

项目位置：日本东京都千代田区丸之内一丁目
连接线路：JR 东日本、JR 东海、东京地下铁
项目业态：购物商场、停车场、巴士站、办公
用地面积：14 439 m²（八重洲口开发）
建筑面积：212 395 m²（八重洲口开发）
建成时间：2013 年（八重洲口开发）

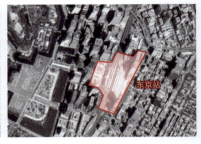
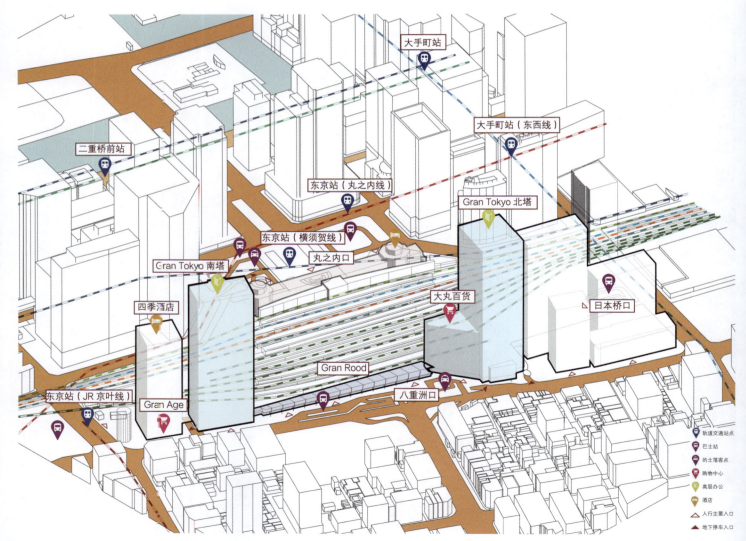

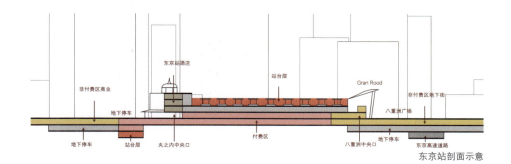

东京站剖面示意

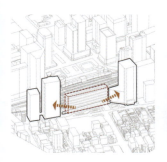

容积转移

城市轴线

地下停车

换乘广场

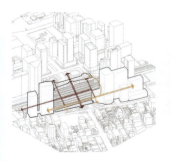

1F 内部流线

B1 层与周边地下街的链接

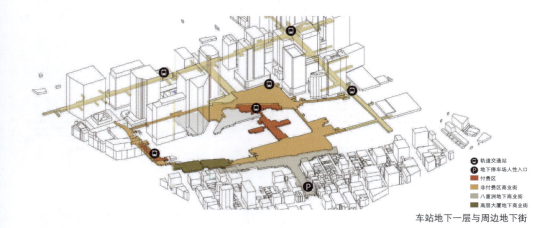

地下一层与周边地下街、建筑相互连通，形成交织的地下空间网络。人们在雨天也能自由通行。

车站地下一层与周边地下街

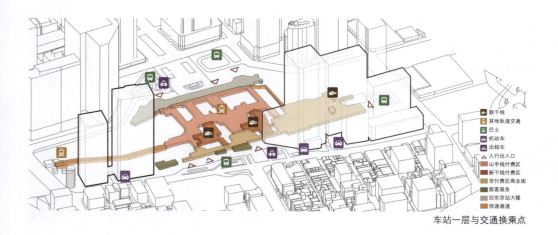

一层通过户外换乘广场和室内快速换乘通道，形成快速便捷而明确的交通换乘体系。

车站一层与交通换乘点

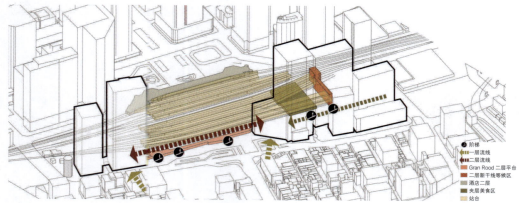

二层通过交通平台和户外大台阶，使得周边办公塔楼和车站站房实现直接的交通连接。

车站二层与办公楼流线

东京站是日本全国新干线路网和传统铁路网最重要的列车始发站，站台数量为日本第一。东京站的再开发事业被命名为"东京车站城"，以丸之内侧站房复旧、八重洲口再开发计划和站内改建工程组成。八重洲口再开发计划：通过新的规划，降低八重洲侧车站站房的高度，将容积转移到周边的高层大厦中，从而形成东京湾—皇居的城市轴线。同时也使东京站一带形成海风进入东京都中心区域的空中廊道，改善热岛效应。

1. 东京站八重洲口地下入口与巴士站

2. 八重洲口地下街入口

3. 八重洲口 Granroof 二层交通平台

4. 八重洲口 GranTokyo 南塔二层

5. 八重洲口一层非付费区长廊

6. 东京站日本桥口

7. 东京站丸之内北口室内

8. 丸之内北口——巴士换乘站

9. 丸之内南口——出租车等候区

新宿站

案例位置：日本东京新宿区
案例特色：日本客流量最大车站、站点结合周边业态、立体
　　　　　交通换乘体系
启用时间：1885 年 3 月 1 日
案例业态：商场、巴士站、出租车站、地下街、综合性车站
建成时间：1885 年 3 月 1 日

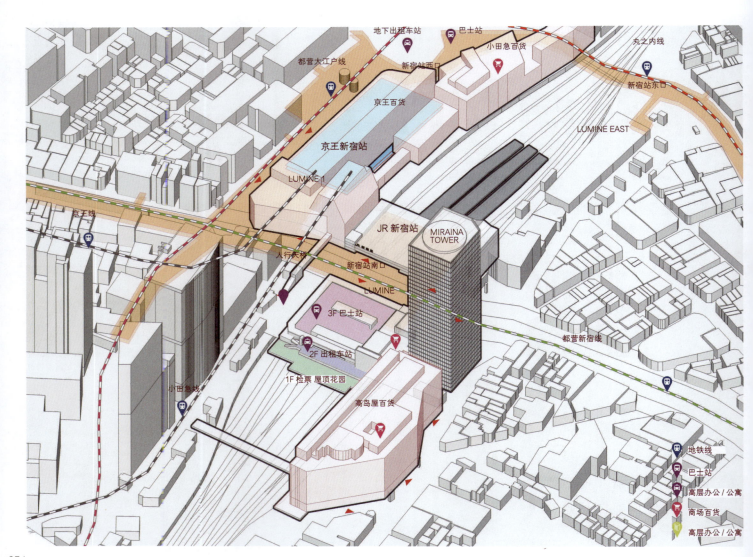

新宿站是日本客流量最大的车站之一，原先场地被铁路割裂成两块，新宿站改建之后，加建盖板道路，加强了周边联系，周边区域与车站相连的方式多样，有地下街、天桥直接与上盖、侧盖建筑连接等方式，南侧的建筑为巴士站、出租车站及商业功能，屋顶花园作为休憩场所面向轨道，让车站成为观景的场所。

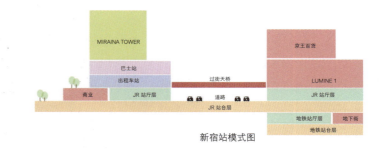

新宿站模式图

巴士站 3F

盖板道路

出租车站 2F

过街天桥

地面出入口 1F

屋顶花园

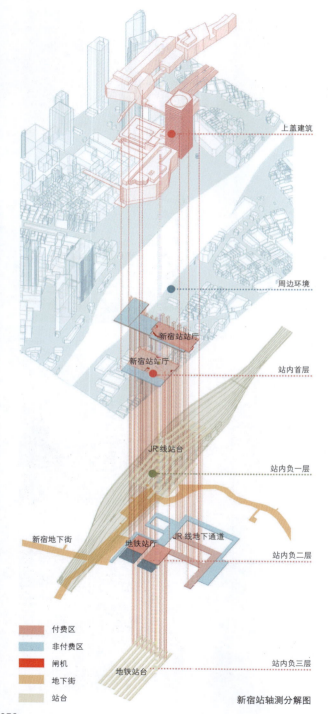

新宿站轴测分解图

付费区
非付费区
闸机
地下街
站台

上盖建筑
周边环境
新宿站站厅
新宿站站厅 — 站内首层
JR线站台 — 站内负一层
新宿地下街　地铁站厅　JR线地下通道 — 站内负二层
地铁站台 — 站内负三层

站内商业

室外交通联系

地面标志引导

地面标志引导

站内指示图

高岛屋百货室外连接通道

天桥结合商业

新宿站及相连高层建筑

二子玉川站

项目位置：日本东京都世田谷区
连接站点：二子玉川站
项目业态：商业、办公、高层住宅、公交站和出租车
建筑面积：26.7万 m²（Ⅰ期）
　　　　　15.7万 m²（Ⅱ期）
建成时间：2011年

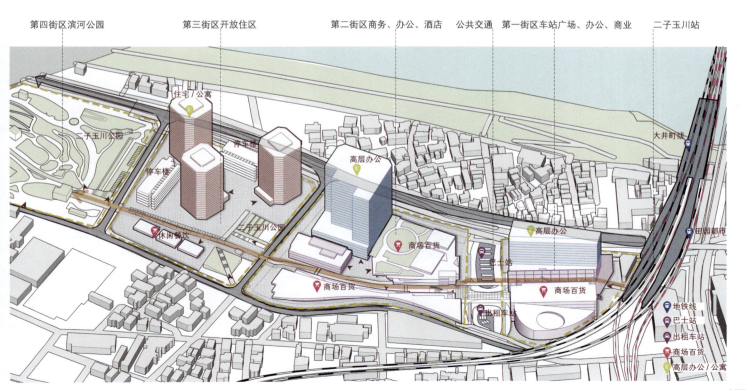

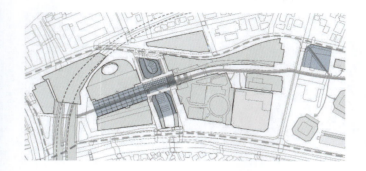

交通系统分析

1. 公交与的士停靠点设于站点与商业中间，基本实现无缝换乘。
2. 步行楼梯连接底层道路与二层平台。
3. 内外部连廊连接了不同标高的商业平台。

接驳平面分析

步行楼梯连接

公交停靠点

外部连廊连接

出租车停靠点

内部连廊连接

开放空间分析

1. 围合出的小广场是公共观演、集会活动的地方，同时上下廊道之间可以进行视线交流。
2. 绿化廊道连接了商业区和住宅区，从喧闹繁华逐渐过渡到宁静安定，体现人工到自然的逐渐过渡。
3. 公园的一处生活设施位于底层，同时面向道路，便捷而安宁，充满了生活气息。

景观视线分析

1. 在站台上可以直接看到多摩川的风光，郊区景色优美。
2. 通过不同标高的平台可以看到各种活动。
3. 屋顶也是良好的休闲平台，可以眺望远方的富士山。

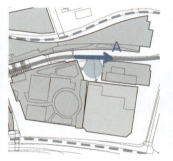 
广场

站台

绿廊

连廊

休闲设施

屋顶

城市设计手法上，利用和激活了多摩川周边的自然景观，建设了相关娱乐设施，完善了二子玉川公园。区域内设置了550 m的步行专用道，贯穿了基地4个街区，在步道上可以通过街区的不同主题体验到"从城市到自然"的景观渐变。

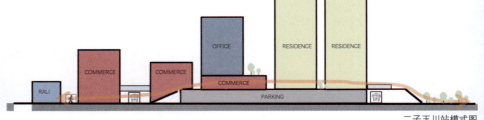

二子玉川站模式图

二子玉川站前广场的玻璃中庭

街区之间连接的玻璃廊道

不同标高的商业平台

商业平台之间的连接

商业街区的屋顶种植

位于二层平台的住区

第三街区的高层住宅

多摩川的郊区景观

日式的宁静庭园

涩谷站

竣工：2012—2027 年（依次）
业主：东京急行电铁株式会社、东日本旅客铁道株式会社、
　　　东京地下铁株式会社、道玄坂一丁目站前地区市街地
　　　再开发准备组合、东急不动产株式会社等
总建筑面积：约 591 000 m²（仅包括 4 个街区）
穿过线路数：8 路线 6 站
上下客人数：每天约 300 万人次

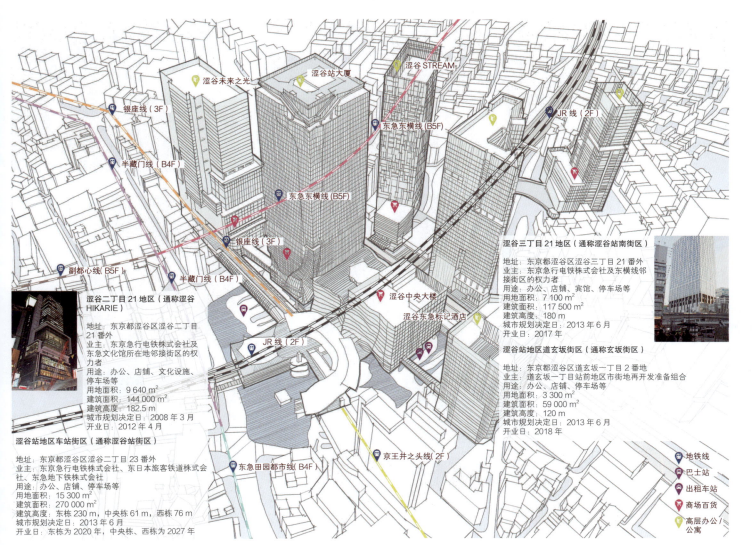

涩谷二丁目 21 地区（通称涩谷 HIKARIE）
地址：东京都涩谷区涩谷二丁目 21 番外
业主：东京急行电铁株式会社及东急文化馆所在地邻接街区的权力者
用途：办公、店铺、文化设施、停车场等
用地面积：9 640 m²
建筑面积：144 000 m²
建筑高度：182.5 m
城市规划决定日：2008 年 3 月
开业日：2012 年 4 月

涩谷站地区车站街区（通称涩谷站街区）
地址：东京都涩谷区涩谷二丁目 23 番外
业主：东京急行电铁株式会社、东日本旅客铁道株式会社、东京地下铁株式会社
用途：办公、店铺、停车场等
用地面积：15 300 m²
建筑面积：270 000 m²
建筑高度：东栋 230 m，中央栋 61 m，西栋 76 m
城市规划决定日：2013 年 6 月
开业日：东栋为 2020 年，中央栋、西栋为 2027 年

涩谷三丁目 21 地区（通称涩谷站南街区）
地址：东京都涩谷区涩谷三丁目 21 番外
业主：东京急行电铁株式会社及东横线邻接街区的权力者
用途：办公、店铺、宾馆、停车场等
用地面积：7 100 m²
建筑面积：117 500 m²
建筑高度：180 m
城市规划决定日：2013 年 6 月
开业日：2017 年

涩谷站地区道玄坂街区（通称玄坂街区）
地址：东京都涩谷区道玄坂一丁目 2 番地
业主：道玄坂一丁目站前地区市街地再开发准备组合
用途：办公、店铺、停车场等
用地面积：3 300 m²
建筑面积：59 000 m²
建筑高度：120 m
城市规划决定日：2013 年 6 月
开业日：2018 年

- 地铁线
- 巴士站
- 出租车站
- 商场百货
- 高层办公/公寓

涩谷站以城市环境型为主导整体开发，以步行者网络为中心，并将公共空间设置在项目中层，通过立体街道和垂直空间实现城市街道无缝连接。现有主要建成项目包括：涩谷未来之光、涩谷站大厦及中央大楼、涩谷STREAM、涩谷东急标记酒店。涩谷未来之光是集商业、文化设施、办公于一体的综合型功能建筑。整个建筑地上商业为7层，地下商业为2层，8层为创意空间，9层是多功能展览空间，11层是空中大堂，13~16层是剧场，17~34层是办公。其中B3~5层的商业加以城市核连接城市及各线路轨道交通。涩谷站大厦及中央大楼由三栋建筑组合而成，也是原涩谷站街区的保留区域。东栋为以高层办公为主，建筑高度(230 m)为周边最高，屋顶设有瞭望台；中央栋高度为三栋最低(61 m)，主要为换乘区域和JR检票口。涩谷STREAM设有与二层步行连廊连接的灰空间商业，并有垂直交通连接上下区域，起到了良好的与城市对接的作用。

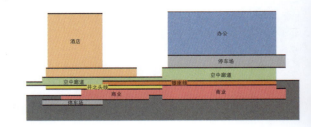

涩谷站大厦瞭望台俯瞰

公交与出租车站

涩谷大十字路口

2F步行天桥与车行高架

从地下进入城市核

涩谷未来之光城市核

涩谷站大厦交通流线与商业

涩谷站中央大楼室内

涩谷STREAM室内

涩谷站是通过8条线路（JR山手线、埼京线、东急东横线、田园都市线、京王井之头线、东京地铁银座线、半藏门线、副都心线），设有6个站点的大型轨道枢纽站，规模可谓东京都内最大。

涩谷站属于在开发项目，通过合并轨道线路及站点，获得可开发空地，从而大面积提高地块的容积率。涩谷站的成功之处在于合理协调了各线路站点及周边开发商业的关系，以人流带动客流，提高整个地区的经济效益。

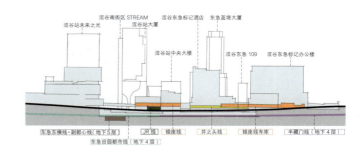

涩谷站模式图

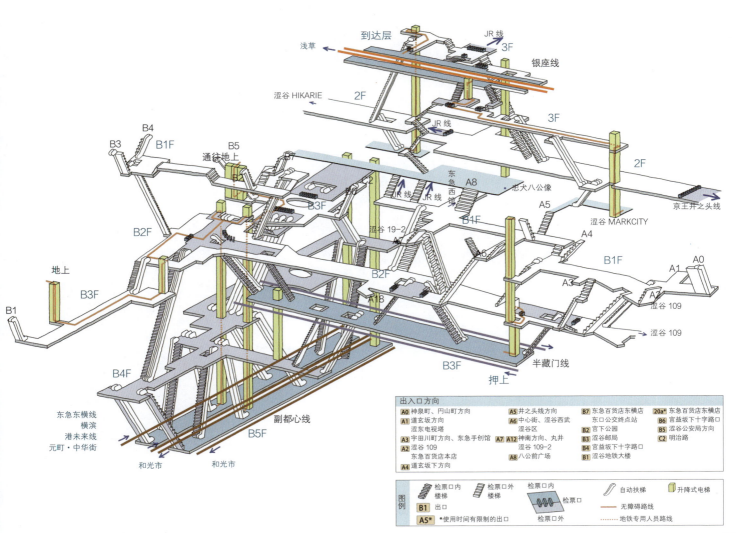

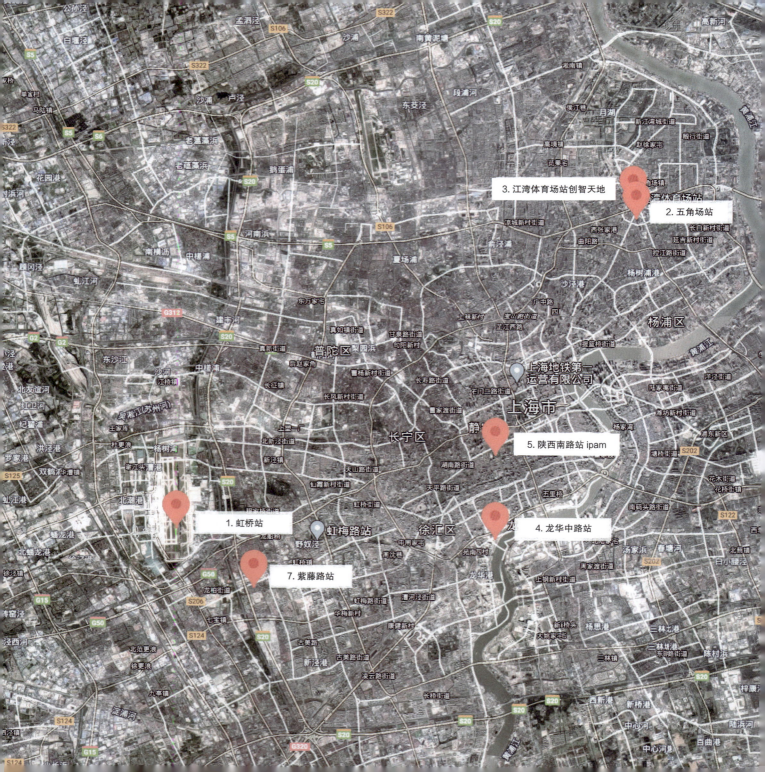

上海 TOD 调研案例

1. 虹桥站

2. 五角场站

3. 江湾体育场站创智天地

4. 龙华中路站

5. 陕西南路站 ipam

6. 金科路站长泰广场

7. 紫藤路站

虹桥站

项目位置：上海市闵行区申贵路 1500 号
连接站点：虹桥机场西航站楼、磁悬浮、高铁、长途大巴
　　　　　以及地铁 2、10、17 号线
项目业态：交通、商业、办公、居住、酒店
建筑面积：约 44 万 m²
建成时间：2010 年 7 月 1 日

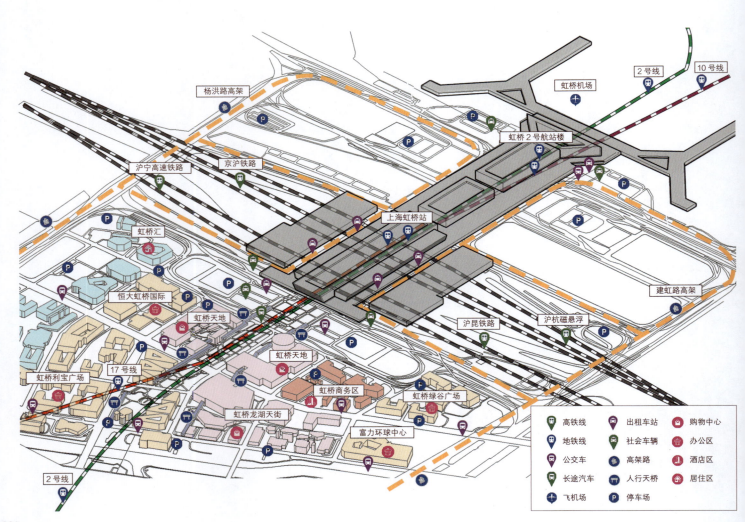

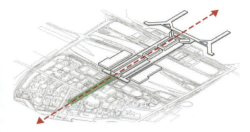
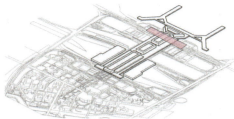
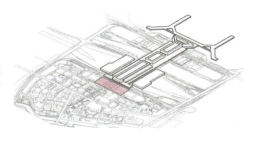

城市轴线 | 东交通广场 | 西交通广场

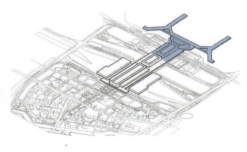
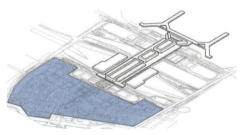
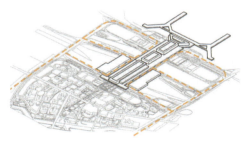

虹桥机场 | 虹桥商务区 | 高架路

上海虹桥站总平面图

虹桥火车站地区的公交车站枢纽

出租车及社会车辆停靠区

虹桥火车站与商场联系的人行天桥

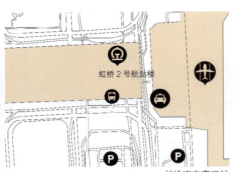
长途汽车客运站

龙湖虹桥天街地下车库出入口

龙湖虹桥天街空中连廊

人行天桥与虹桥天地交接交通核

商场出租车及社会车辆停靠区

公交站	出租车站	航站楼
购物区	火车站	地铁

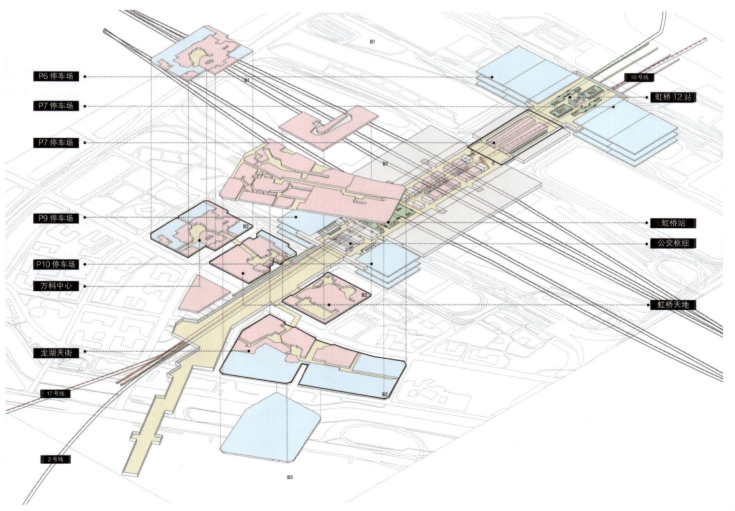

- P6 停车场
- P7 停车场
- P7 停车场
- P9 停车场
- P10 停车场
- 万科中心
- 龙湖天街
- 17号线
- 2号线
- 10号线
- 虹桥T2站
- 虹桥站
- 公交枢纽
- 虹桥天地

069

五角场站

案例位置：上海市杨浦区
案例特色：全称"江湾—五角场"
　　　　　　上海四大城市副中心之一
　　　　　　南部地块为上海十大商业中心之一
启用时间：2010年4月10日
案例业态：购物、餐饮、休闲、办公

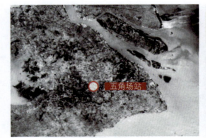

五角场站

▬	高架
▬	商场办公
▬	下沉广场
---	地铁线路
▬	地铁站点
▬	公路
📍	公交车站

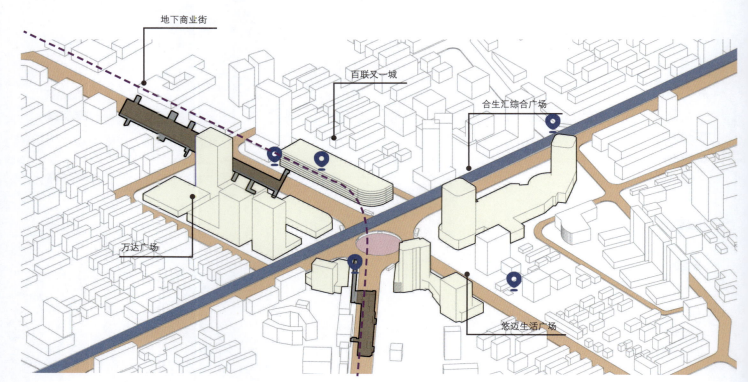

地下商业街
百联又一城
合生汇综合广场
万达广场
悠迈生活广场

五角场站是上海地铁10号线的车站，位于上海市杨浦区五角场街道四平路和邯郸路等五条道路交会处，于2010年4月10日开通。

五角场位于上海市杨浦区，因处于上海市区东北角的邯郸路、四平路、黄兴路、翔殷路、淞沪路五条发散型大道的交会处而得名。五角场最初规划自民国时期南京政府为打破上海租界垄断城市中心局面而实行的"大上海计划"，现整体分为三大板块，即南部商业中心、中部知识创新中心和北部商务中心。

五角场站模式图

地铁站出口

地下商业街

停车场

高架路

下沉广场

通道

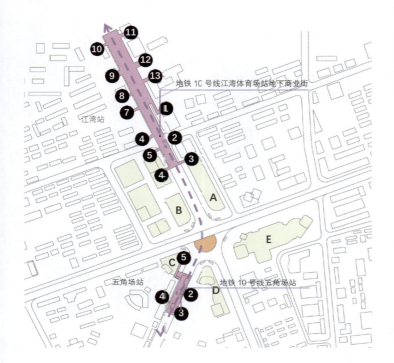

地铁10号线江湾体育场站地下商业街

地铁10号线五角场站

A. 通往百联又一城

B. 通往万达广场

D. 通往悠迈生活广场

E. 通往合生汇生活广场

五角场站 4. 通往地面地铁站出入口

五角场站 5. 通往地下一层超市

江湾站 2. 通往太平洋森活天地

江湾站 4. 通往地面万达广场

江湾站 7-12. 地下商业街

江湾站 13. 通往创智天地广场

五角场的四个角上有苏宁电器广场、东方商厦、万达广场、百联又一城等巨型商业综合体。轨道交通10号线在五角场城市副中心南部设置两个站点、若干个出口。这两个站点分别是五角场站和江湾体育场站。为了使市民出行便捷，杨浦区通过地下通道的方式将两个站点连接起来，并与五角场环岛下沉广场连通，形成大型地下交通枢纽。五角场站点将与东方商厦和苏宁电器广场的地下通道连通，而江湾体育场站则会与万达广场和百联又一城的地下通道连通，并和创智天地的下沉广场互通。这些商业设施之间也会通过地下步行系统无障碍互通。市民从这两个站点中的任意一个走出地铁，无需走出地面就可到达五角场环岛周边的各大商厦。步行系统规划直接从环岛延伸到新江湾城地区。除了五角场环岛周边商业设施的地下通道完全贯通外，五角场的步行系统将一直延伸到五角场市级副中心北部的新江湾城地区。

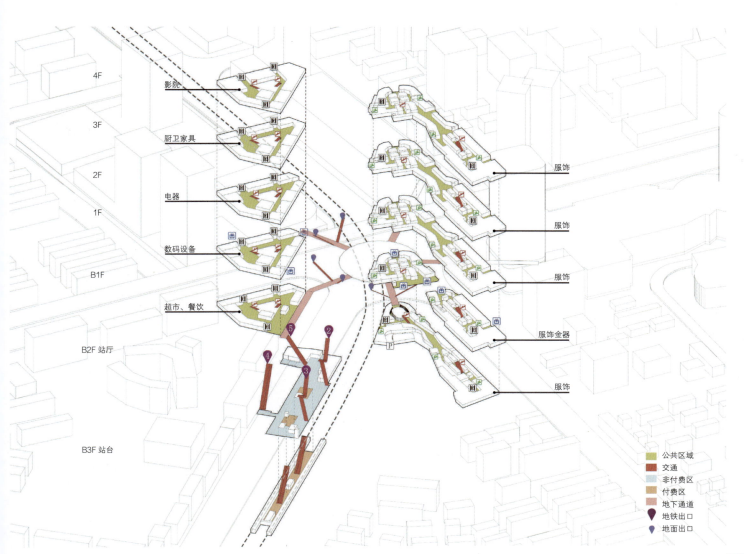

江湾体育场站创智天地

项目位置：上海市杨浦区五角场地区
项目业态：商业、办公、教育、综合
用地面积：838 667 m²（杨浦区政府 / 瑞安联合开发）
建筑面积：约 100 万 m²
建成时间：2012 年 8 月
案例特色：城市设计与站点相结合，**打造综合知识型产业社区**

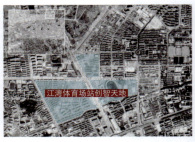

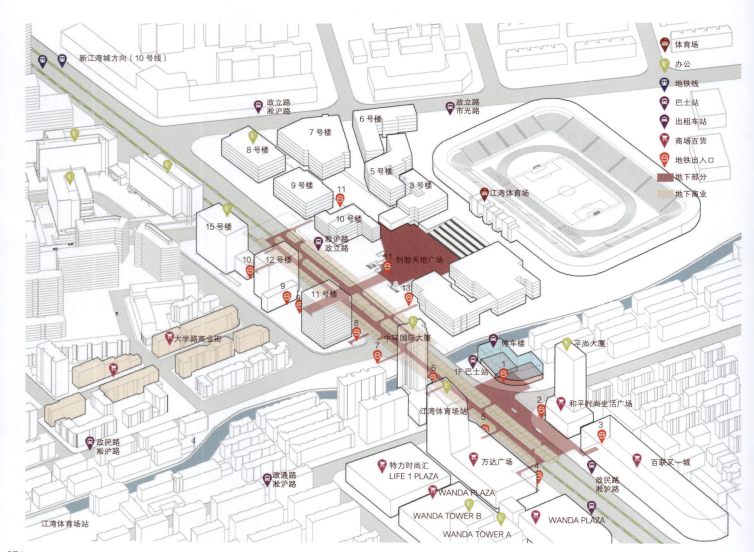

创智天地项目位于五角场城市副中心中部，南部为五角场商业中心，北部为新江湾城，周边有复旦大学、上海财经大学等校区。创智天地遵循着大学校区、公共社区、创业园区"三区"联动发展的理念，利用周边成熟的教育和人力资源，打造了一个集培育、科技、教育、文化、研究、创业和商业发展为一体的综合知识型产业社区。

创智天地项目将文化商业街连接大学城和江湾体育场，构建与历史的对话，与历史文化风貌区协调。

创智天地广场模式图

场地轴线

地铁站

创智天地广场

巴士站

活动广场

停车楼

075

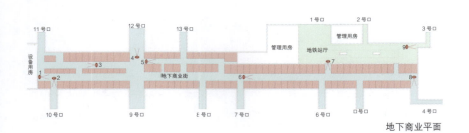
地下商业平面

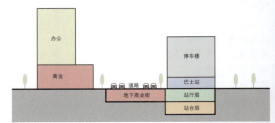
站厅层剖面示意

自然光引入地下商业街

10出口（政学路、创智天地广场三期）

地下公共空间营造

12出口（创智天地广场）

不同风格的商业街

商业街中的停留空间

地铁站厅与商业街的过渡

4出口（万达广场、五角场环岛）

3出口（百联又一城购物中心）

龙华中路站

项目位置：上海市东安路龙华中路
案例特色：上海地铁 7 号线、12 号线龙华中路地铁上盖
建筑面积：29.43 万 m²
建成时间：2015 年
项目业态：商场、酒店、公寓、办公、停车场

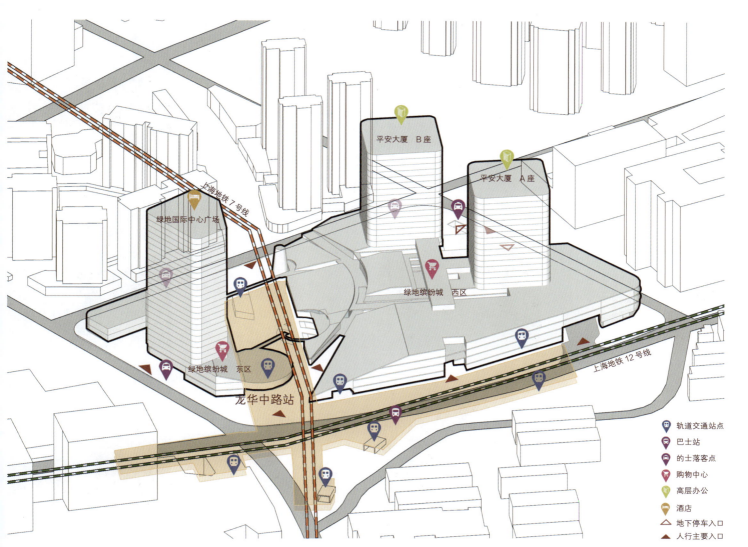

绿地缤纷城总平面图

东南侧广场

西北侧广场

城市走廊

下沉中庭

室外步行街

屋顶平台

龙华中路站位于上海徐汇滨江地区，该项目是以地铁7号线和12号线换乘站为中心的30万 m^2 TOD综合开发设施，与地铁无缝对接，是上海与地铁站点接口最多的项目，其设计理念为"地铁站延伸至城市上空的'绿色大地'"。

缤纷城拥有目前上海最大的开放型屋顶花园，倾斜的大屋顶采用大跨度的结构体系，对于项目实施是前所未有的挑战。该项目也达到了社会效益和经济效益的双赢，办公物业反馈良好，商业仅开业半年就实现了大幅盈利。

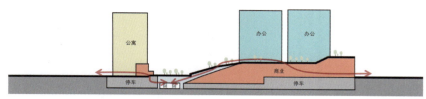

龙华中路站模式图

地铁站1出口：与建筑一体化设计　　　　　　　　　　　地铁站5出口：与建筑一体化设计

地铁站6出口：顶被圆盘覆盖，形成风雨连廊　　　　　　地铁站7出口：与建筑一体化设计

地铁站10出口：有非机动车停车以及公交车站　　　　　地铁站11出口：有非机动车停车

由于东安路从地块中穿过，整个地块被分为南北两个街坊。地块内南北方向有地铁7号线从地下穿越，地块西北侧边界处地下有地铁12号线穿越，在龙华路及凯滨路相交处规划有公交枢纽用地一处。设计团队积极运用这一地形条件，以地铁车站为依托，打造出"大峡谷地形"，将地铁人流引至整个建筑，进而与周边相连，形成以贯穿南北的约50 m长的"步行街"为主轴，以联络各建筑物的"内街"为辅轴，构建商业中心完整的步行系统。

"步行街"不仅具备连接地铁和邻近城市空间的功能，同时也是到访游客的休息场所，是周边地区向心性的公共空间。"内街"高效连接分散的商业设施、办公、中央共享大厅、公交枢纽，加上通向屋顶花园的环形坡道所构筑的立体空间，希望给来客打造一种并非在建筑内而是漫步在街道中的印象。

绿地缤纷城西区 B1F 入口

绿地缤纷城东区 B1F 入口

5 出口

绿地缤纷城东区 BM 入口

绿地缤纷城西区 BM 入口

绿地缤纷城城市核

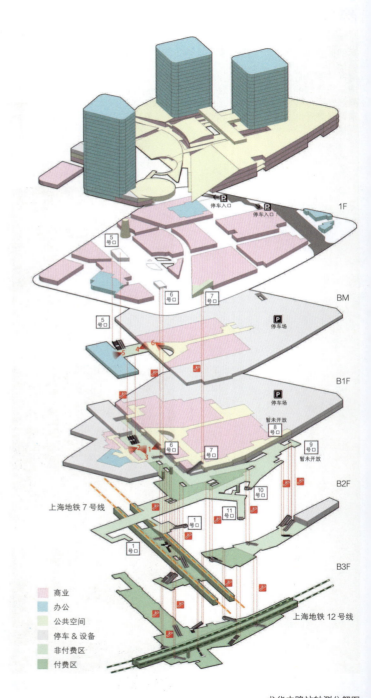
龙华中路站轴测分解图

陕西南路站 ipam

案例位置：上海市徐汇区
案例特色：站点与城市综合体衔接空间
　　　　　站点与城市衔接空间
启用时间：2013 年 8 月
案例业态：商业、办公、住宅

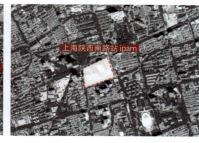
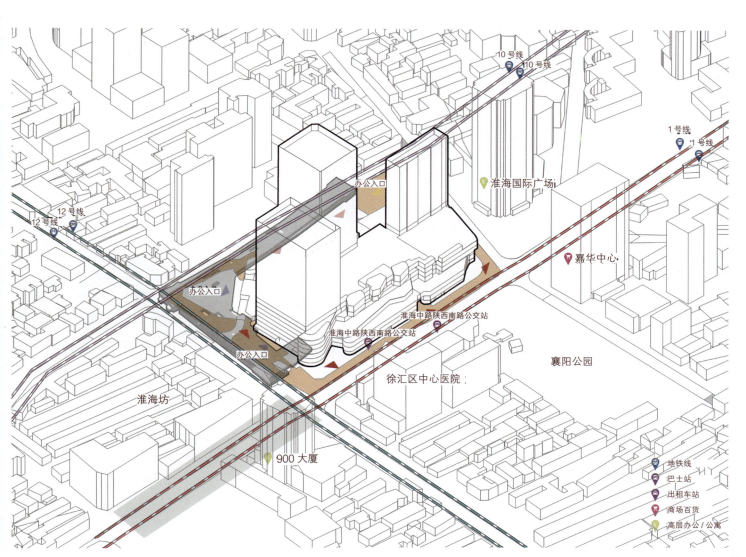

环贸 ipam 商场属上海环贸广场大型综合发展项目之一，商场上盖还包括两座甲级写字楼及豪华服务式公寓。可经由复兴东路、人民路和延安东路三条隧道往来浦江两岸；高架道路亦近在咫尺，纵横上海各区；加上商场贯通地铁1号线、10号线及12号线，为三条主要地铁线交汇处，出入口与商场直接连通；由商场前往虹桥国际机场及浦东国际机场亦便捷即达，汇聚了庞大的客流量。商场更设有两层停车场，合计有近800个停车位。项目的特色是地铁与城市和商业综合体的接驳空间设计以及商业综合体内从下至上丰富的商业空间设计。

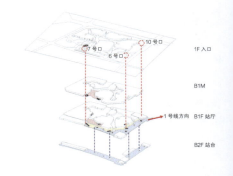

闸机内空间

闸机外空间，能看到商场立面

通往1号线

B1M下沉广场通往地铁的入口

B1M下沉广场通往城市

下沉接驳广场多层次的活动空间

6号口和商业综合体结合

7号口与地下车库入口

10号口与城市道路结合

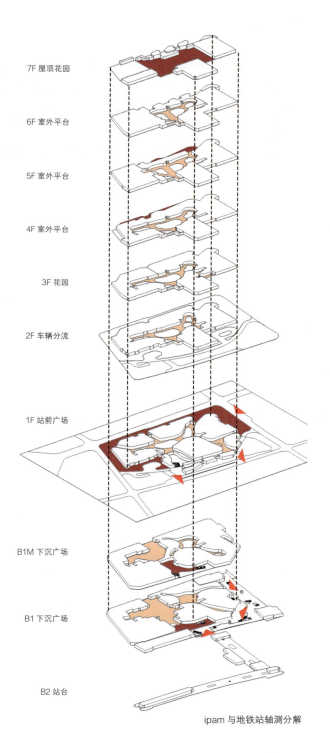

7F 屋顶花园	
6F 室外平台	
5F 室外平台	
4F 室外平台	
3F 花园	
2F 车辆分流	
1F 站前广场	
B1M 下沉广场	
B1 下沉广场	
B2 站台	

ipam 与地铁站轴测分解

7F 屋顶花园

5F~6F 露台空间

1F~4F 中庭空间

B1M 下沉广场

5F~7F 中庭空间

2F 办公入口

1F 商场空间

B1F 下沉广场

金科路站长泰广场

案例位置：中国上海浦东新区金科路 2886 弄
案例特色：三维步道，创建一个崭新的适合步行的市镇中心
新模式："黄昏时散步"的慢生活新潮流
启用时间：1992 年
案例业态：商场、餐饮、办公、酒店、巴士站

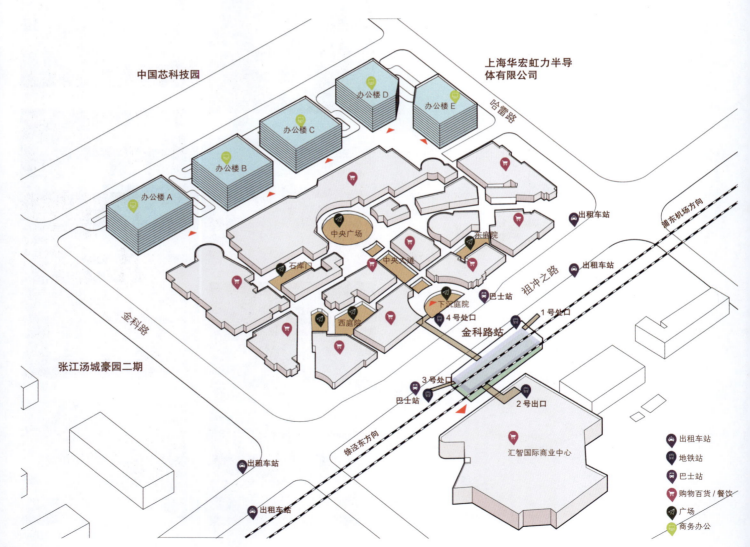

金科路站位于上海市浦东新区金科路，上海轨道2号线穿过该站点。连接虹桥、浦东两大航空门户，沿途收尽上海最繁华的商圈，如人民公园商圈、陆家嘴商圈、中山公园商圈、南京西路商圈等，而作为张江高科技园区的核心区的商业项目，长泰广场将成为浦东新的商业中心。

金科路站模式图

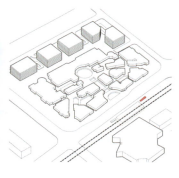

地面出入口

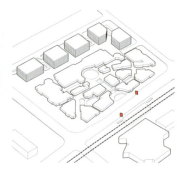

巴士站

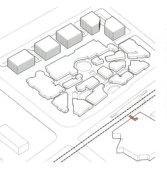

商场出入口

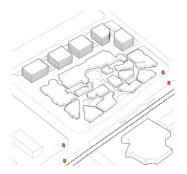

出租车站

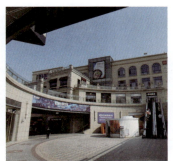

下沉广场出入口

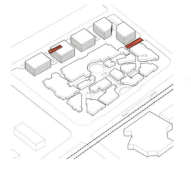

地下停车场

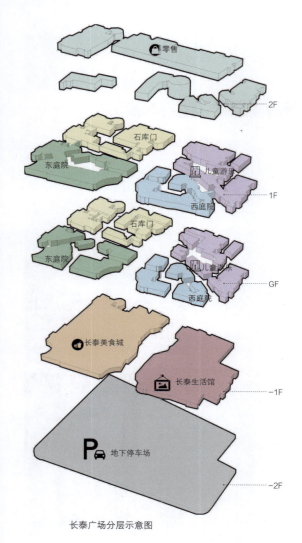

长泰广场分层示意图

长泰广场开放空间分析

下沉广场

下沉广场与路面联系

石库门

儿童游乐区

中央大道

中央广场

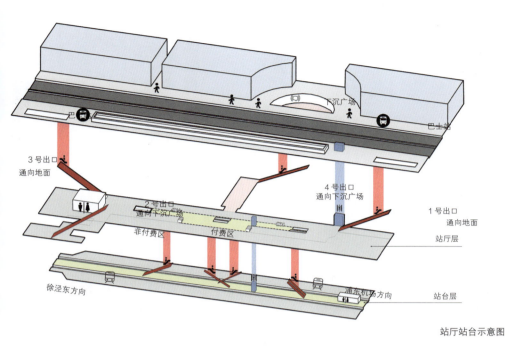

站台层候车

站台层→站厅层

站厅站台示意图

站厅层1号出口

站厅层2号出口

站厅层3号出口

站厅层4号出口

1号出口地面出口

2号出口商场出口

3号出口地面出口

4号出口地下通道

紫藤路站

案例位置：上海市闵行区吴中路紫藤路（地铁 10 号线）
案例特色：地铁停车库上盖；集合公益性质的地铁主题科技展示馆、商业价值的物业和办公物业以及生态绿色花园多种产品，"综合"意味浓厚
启用时间：2010 年 4 月 10 日
案例业态：商场、办公、酒店、地下街、综合性车站
项目业态：大型商业综合体项目
建筑面积：53 万 m^2，其中：
　　　　　万象城购物中心 24 万 m^2
　　　　　超 A 级写字楼 14 万 m^2
　　　　　国际轻奢时尚酒店 3 万 m^2
　　　　　上海首家地铁博物馆 5 千 m^2

万象城引领的吴中路商圈形成后，将东西、南北的商圈融会贯通，在更大区域上形成一个有核心商业商务功能的大商圈。

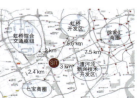

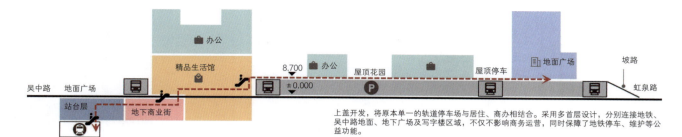

上盖开发,将原本单一的轨道停车场与居住、商办相结合。采用多首层设计,分别连接地铁、吴中路地面、地下广场及写字楼区域,不仅不影响商务运营,同时保障了地铁停车、维护等公益功能。

紫藤路站—万象城模式图

大型商场接地

上海首家地铁博物馆

下沉广场

地下商业街

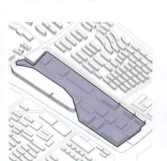

首层地铁停车场(上盖)

办公楼接地

089

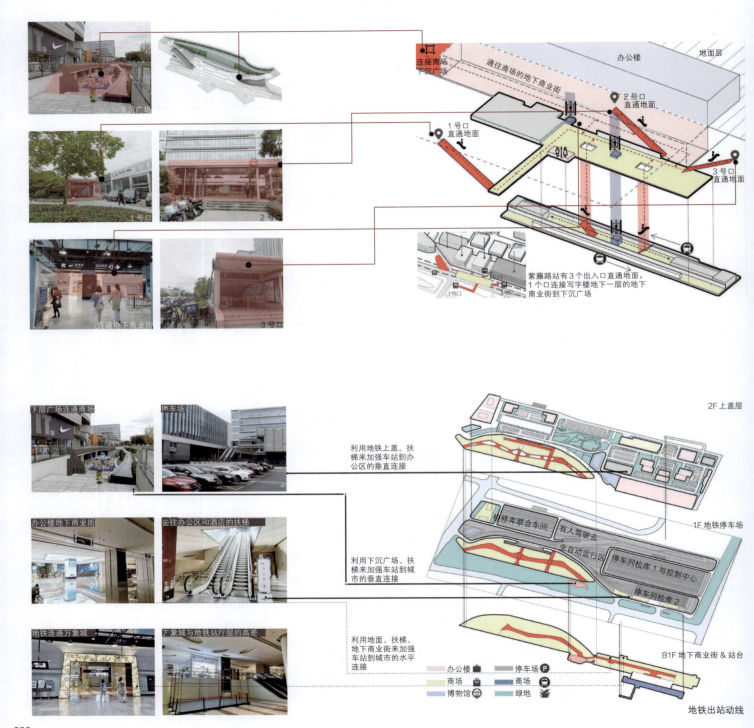

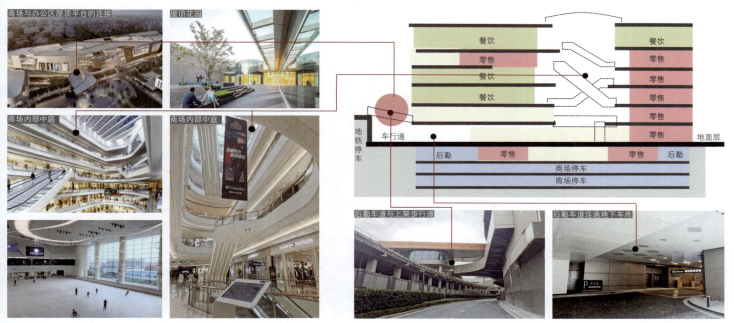

地铁上盖与商场的连接

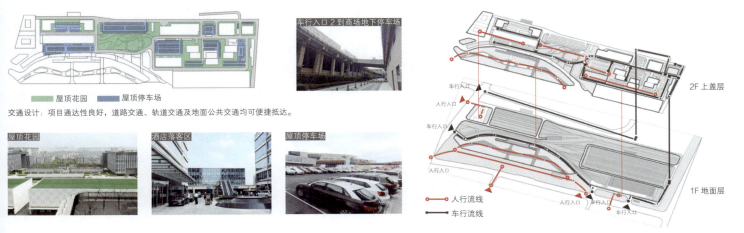

交通设计：项目通达性良好，道路交通、轨道交通及地面公共交通均可便捷抵达。

优　点

1. 规划布局商业、办公、酒店等多种业态，地铁和地铁停车场上盖汇集大量人流；
2. 首层被地铁占据大量空间，导致办公和酒店从地面层可达性低，但设置了流畅的车行路线和站内通行的动线；
3. 整体品质较高，屋顶花园和沿街面线性公园等建筑景观设计较好；
4. 一字形动线清晰，商场店铺展示无遮挡；
5. 业态丰富，包含上海不多见的溜冰场；
6. 通往地铁的距离过长，室内不直接连通且有高差，消费体验不佳；
7. 屋顶花园周边店铺不多且空间不大，商业价值不高；
8. 屋顶花园仍有一段长度是设备空间，不利于购物、游乐体验。

视　角

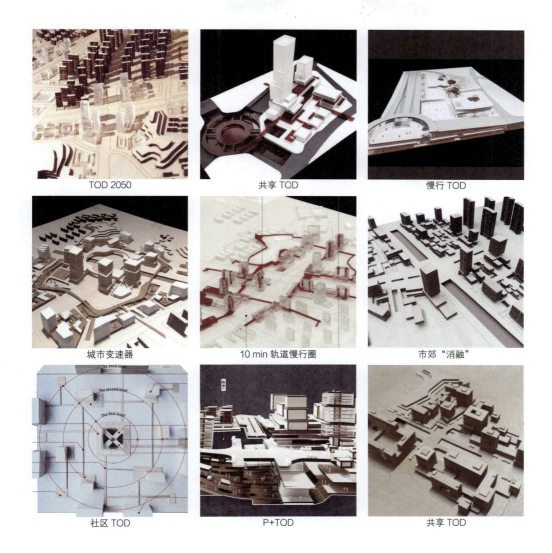

场地说明

基地选址为南京江南主城东部百水桥站，隶属栖霞区，是宁句城际线（S6号线）与南京地铁12号线的换乘站，位于宁杭公路与马高路交叉口处。区位条件较好，是连接南京和句容的门户站，周边以商办和居住为主要功能。由于与中心城区在土地利用、产业构成、人口密度和交通结构等多方面存在差异，近郊地区轨道线路和站点的密度更低，基于步行影响域的传统圈层式开发模式在近郊地区也显得粗放乏力。在此背景下，如何基于已有城市开发设计经验及研究成果，结合近郊地区特征，探索因地制宜的TOD城市设计策略，形成以点带面的城市触媒效应，带动市郊站点周边更为广阔的地区发展，成为值得深入研究的课题。

本次课题聚焦于以下主题：接驳、共享、慢行、转换、小街区、层级、公园，作为整合城市空间、提升站点多元价值的契机。

关注要点

- 接驳（Connection）
  公共交通、机动车、非机动车以及步行人流之间的接驳，功能与空间的多义接驳。
- 共享（Share）
  "共享经济"与"共享空间"，高效利用开发空间，提高社区活力与商业机会。
- 慢行（Non-motorized Traffic）
  从车行视角向人行视角转换，为行人提供自由舒适的步行空间，建立一体化慢行网络。
- 转换（Transition）
  一种基于"速率"圈层划分的过渡空间模式衔接轨道交通站点与周边地区，实现人们生活节奏的转换。
- 慢行圈（Non-motorized Traffic Circle）
  构建以轨道交通站点为中心的慢行圈，呈现出"以轨道交通为骨干，慢行交通为延伸"的城市绿色交通圈层。
- 小街区（Small Blocks）
  以"小街区、密路网"的设计模式打破传统大街区割裂、封闭的模式，创造一种尺度宜人、通行便捷、环境友好的街区。
- 层级（Hierarchy）
  与地铁站距离的远近程度不同，形成了TOD社区不同的开放度与混合度，达成合理的城市、地铁、社区结合模式与居民生活模式。
- 共享TOD（Shared TOD）
  采用模块化方式，通过功能置换，满足未来人们对于居住、工作、休闲用地变化的需求，实现不同时空的共享。
- P+TOD
  结合近郊自然山水的区域特色，通过公园与TOD体系的整合，构建创新型空间模式。

文献

- 王建国. 城市设计 [M]. 3版. 南京：东南大学出版社，2011.
- 培根. 城市设计 [M]. 修订版. 黄富厢，朱琪，译. 北京：中国建筑工业出版社，2003.
- 日建设计站城一体开发研究会. 站城一体开发：新一代公共交通指向型城市建设 [M]. 北京：中国建筑工业出版社，2014.
- 卡尔索普，杨保军，张泉，等. TOD在中国：面向低碳城市的土地使用与交通规划设计指南 [M]. 北京：中国建筑工业出版社，2014.
- 卡尔索普. 区域城市：终结蔓延的规划 [M]. 北京：中国建筑工业出版社，2007.
- 瑟夫洛. 公交都市 [M]. 宇恒可持续交通研究中心，译. 北京：中国建筑工业出版社，2007.
- 格兰尼. 城市地下空间设计 [M]. 许方，于海漪，译. 北京：中国建筑工业出版社，2016.
- CALTHORPE P. The next American metropolis[M]. Princeton: Princeton Architectural Press, 1995.

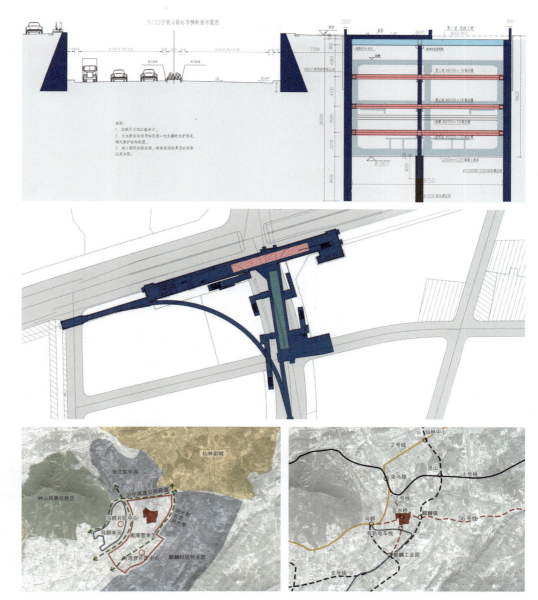

课程结构

周次	1	2~3	4~5
		研究	
目标	理论研究	理论研究 概念设计	模式研究
内容 研究 讲座 调研 设计 答辩	TOD 基础知识 基地调研 TOD 案例解析	相关理论解析 法铁 TOD 主题讲座 第一轮概念草图汇报	TOD 市郊城市设计模式探究 日建设计案例分享 上海考察汇总分享
成果			

6~7	8	9~11	12
设计			
初步设计	中期答辩	深化设计及表达	终期答辩
地铁站及综合体设计 日本 TOD 及城市综合体 方案初步设计与解析	外请嘉宾讲座 方案设计指导 中期答辩	基于前期概念的深化设计 相关图表、系统与空间的设计	成果表达与深化 终期答辩

TOD 2050

Hao WANG
Jiaqi PANG
Yiyao LI

TOD 2050

王　浩
庞家琪
李忆瑶

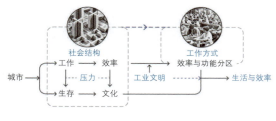

工业社会对于效率的追求造就了功能分区的城市组织模式，但也带来了一系列的城市问题，如"卧城"现象、交通拥堵、环境污染、生活活力缺失等。

工业社会

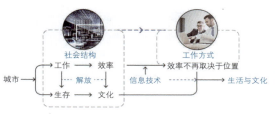

信息时代的到来以及工作生活方式的转变必将对功能分区的城市结构起到瓦解作用，商业办公功能的选址不再完全取决于交通便利性，也将引发诸如自动驾驶等的交通方式的转变，人的生活将从对于效率的单纯追求中解放。

信息时代

中心化城市结构

去中心化城市结构

1. 项目背景

对市郊 TOD 话题的探讨，首先应该回答什么是理想的郊区生活方式。不同于西方世界某些属于中产阶级主动选择的郊区，目前近郊居住模式有更多被迫的意味：城市功能分区模式下的远程通勤、交通拥堵、环境污染、非人尺度、活力缺失……在城市群形成的背景下，城市必将进一步集中扩张，郊区生活应当兼有城市的便捷性与乡村的舒适性，而信息时代的到来也必将对城市组织模式和工作生活方式产生根本性的变革。回溯作为新城市主义代表理论的 TOD，其核心思想即使面对未来依然不过时，比如功能混合与多样混居的城市组织模式、以车为本向以人为本的转变、职住平衡短程通勤的生活方式、精明增长与集约化土地利用等。本案由近郊的接驳问题切入，进行面向未来的多层次公共及共享交通模式构建，由次级公共交通网络的构建，消解原有地铁站点强烈的中心作用，由此形成围绕次级站点的公共功能布置，增强区域开发强度与功能混合度，实现短程通勤，在基地片区尺度上形成相对去中心化的城市结构。而在这一尺度的去中心化，是为了在更大尺度上形成一个更强的中心，也即城市群的形成。

2. 项目愿景与设计原则

基于彼得·卡尔索普的 TOD 理论，我们遵循以下八项原则展开设计：

1）建设步行优先的邻里社区：缩短街道穿行距离，鼓励沿街活动并为行人提供步行连接；2）发展自行车网络：设计道路时突出骑车的安全和方便，创建慢行专用道网络；3）创建密集的道路网络：创建小街区网络，改善步行与自行车出行环境，疏散城市交通；4）提供高质量的公共交通支持：以多层次公共交通站点为中心，覆盖住宅、工作和服务场所；5）建设混合的邻里社区：通过地块指标设定鼓励实现住宅和服务的最佳平衡，提供各类有着良好可达性的公园和开放空间；6）交通承载力与开发强度匹配：将开发强度与交通最大承载力相配，在主要就业集中地区划分出兼具日常使用的多功能区；7）紧凑发展，提倡短程通勤：通过构建多层级公共交通网络，围绕次级站点周边布置就业场所，在较短距离内实现职住平衡；8）构建信息时代的交通体系：MaaS（出行即服务）等出行方式的改变带来效率的提升，自动驾驶技术的使用促使街道空间向人本模式转变。

3. 市郊站点问题梳理

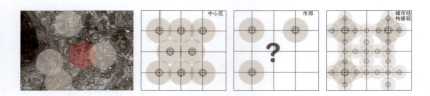

（1）影响域的真空辐射区域——城市结构转变

在城市群形成的背景下，城市密度与开发强度提高的总体趋势不可阻挡。市郊轨道线路与站点密度更低，存在地铁站点影响域辐射的大量真空区域，而这一现象也带来相关的城市问题：城市活力不足，土地价值衰减，开发强度不足，粗放增长等。设计理念旨在通过公共交通的接驳，引发城市结构的转变。

（2）潮汐通勤的形成——功能分区与功能混合

作为市郊轨道交通站点特有的潮汐通勤现象，其产生的根本原因是城市的功能分区：郊区作为城市住区而非工作目的地，这引发对于郊区生活方式的思考，也是TOD理论希望从城市规划的尺度上根本解决的问题：通过多级TOD节点的接力覆盖，达到城市功能分区和功能混合的平衡，实现短程通勤，塑造多样混居的社会与城市模式。

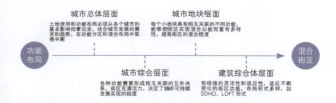

（3）人本尺度的缺失——道路与街区尺度

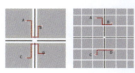

一定程度上不同于中心区域，市郊城市尺度更加非人；以车为本的城市道路、巨大的街区尺度、恶劣的人行体系……
人行天桥、地下通道的本质是为了车的效率而非人的体验，交通系统作为TOD的根基，在地铁的下一级别接驳体系中也应转变为以公共交通主导，减少私家车数量，实现以车为本向以人为本的转变，街区尺度的减小将成为提升城市交通效率与步行体验的重要手段。

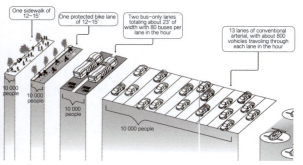

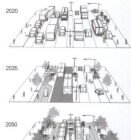

4. 现状城市问题

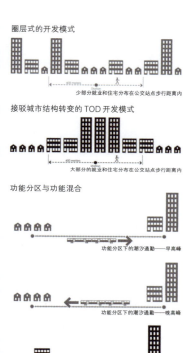

圈层式的开发模式
少部分就业和住宅分布在公交站点步行距离内

接驳城市结构转变的TOD开发模式
大部分的就业和住宅分布在公交站点步行距离内

功能分区与功能混合

功能分区下的潮汐通勤——早高峰

功能分区下的潮汐通勤——晚高峰

功能混合度提高后的职住平衡

近郊区域在城市功能分区中的定位总体为住宅区，存在作为"卧城"的一系列城市问题，本案所在基地也存在这些典型问题：

1）因市郊轨道交通站点较大间距形成的影响域覆盖真空，造成TOD触媒作用的乏力与衰减；2）区域居住功能比例过大，作为居住而非工作目的地，功能混合度不足，形成严重的潮汐通勤现象；3）两条八车道穿越，将基地划分为四个片区，车行优先的原则下压缩了人行的空间，在街区尺度与街道尺度上均丧失了人的尺度。

TOD轨道交通站点的引入为片区带来了一定的活力，但区域功能混合度仍显不足。方案意图通过接驳体系引发的邻里级别TOD城市结构的转变，促成功能与人口的多样混合。

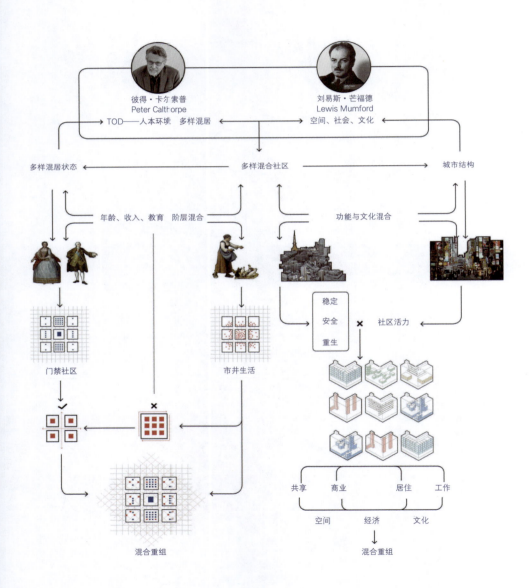

5. 设计理论

好的城市具有人本尺度的环境，具有多样的混居状态，拥有不同的年龄层、收入层、教育阶层，无论在哪里，一旦阶级隔离发生，都不可能拥有好的城市。

——彼得·卡尔索普

TOD 作为手段而非目的，旨在通过城市结构的转变，促进功能与人口的多样混合，形成一种新的城市与社会模式：公共交通、人本尺度、短程通勤、多样混居、精明增长。

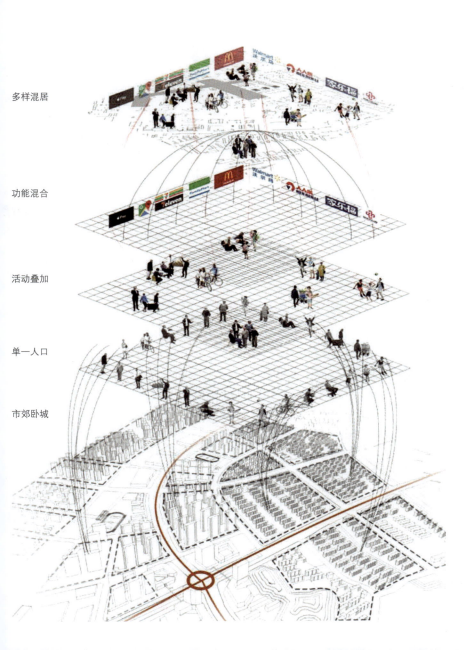

6. 多样混居社区的形成

近郊区域在城市总体功能分区中的定位为住宅区，存在作为"卧城"的一系列城市问题，如潮汐通勤现象、城市活力不足、人口结构单一、非人城市尺度等，百水桥引入 TOD 站点后，其区域内的上述问题有了一定程度的改善，但仍显不足。

方案设计意图通过接驳体系的建立所引发的邻里级别 TOD 城市结构的转变，进一步提升片区总体功能混合度，引入不同年龄层、收入层、教育层的人群，与多样的城市功能业态和活动相混合。

方案设计基于以下几点愿景：

1）将人放在首位的街道设计：自机动车发明以来，街道设计始终将机动车放在首位，自动驾驶技术将扭转这一现状；2）完整的可适应的公共空间：一种新型的街道等级系统会促使人们思考公共空间更多的可能，共享的公共空间将穿插在城市形态与周边区域中，灵活而唾手可得；3）功能混合度的提升："卧城"问题形成的根源在于职住分离，信息时代下生产、生活方式的转变为工作场所的分散带来可能，围绕次级公共交通站点的功能混合布置，带来职住平衡的生活方式和交通量的根本减少。

围绕以上愿景进行方案设计操作，基于片区内明外郭绿带与河流建立主体景观体系，由此进行公交线路的规划，形成邻里级别的公共交通网络，提高区域整体公共交通覆盖率，在各级公共交通站点周边布置分级的就业与公共服务功能，与原有轨道交通站点共同构成去中心化的城市交通网络，在公共交通与机动车交通网络之下，叠加完整细密的步行与非机动车交通系统，形成完整的城市结构。

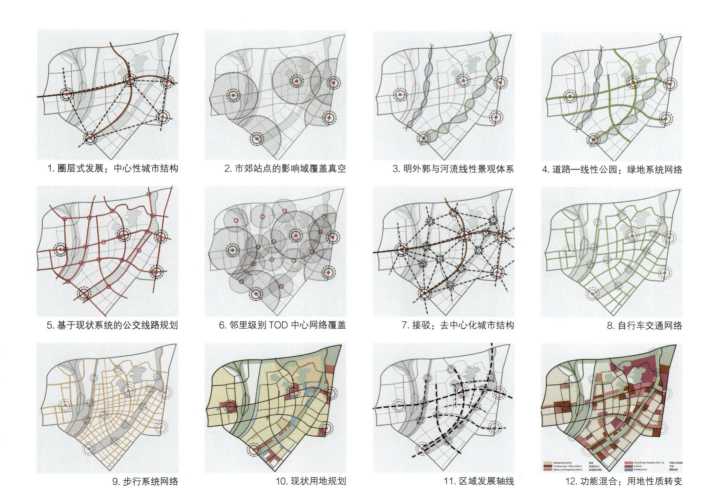

1. 圈层式发展：中心性城市结构　　2. 市郊站点的影响域覆盖真空　　3. 明外郭与河流线性景观体系　　4. 道路—线性公园：绿地系统网络

5. 基于现状系统的公交线路规划　　6. 邻里级别 TOD 中心网络覆盖　　7. 接驳：去中心化城市结构　　8. 自行车交通网络

9. 步行系统网络　　10. 现状用地规划　　11. 区域发展轴线　　12. 功能混合：用地性质转变

7. 街道与交通系统

自动驾驶车辆可以到达各种位置，缓解层级分明、单一中心型的交通形式带来的交通压力。行人与自行车将拥有更自由可达的环境，并且缩短与目的地之间的通勤距离。

这种新型社区将重新复兴传统的步行城市，打造健康友好的街道景观，使得无人驾驶交通能够与行人共处。基于这种乐观的预测，我们设想了基地内当前几种不同等级道路的未来使用场景。而这种转变的目的，也是为了促成城市结构的转变，从而引发功能混合度的提升以及人本尺度的转变，进而改善近郊区域城市问题。

（1）车行主导——以人为本

限制机动车数量，转向公共交通导向与以人为本的环境，往往为城市带来更高的综合效益。

（2）模块化路面与信息化的使用

模块化铺装的多种使用方式与信息化公共空间使用模式。

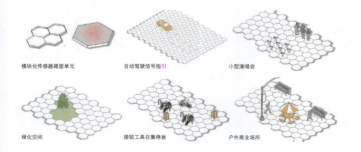

（3）TOD 交通模式的转变

主干道：为公共交通速度设计，混合公共交通、传统汽车和自动驾驶，并有安全的自行车道和宽敞的人行道。

公交道：为公交速度设计，混合公共交通和自动驾驶，包括上客与落客区域。

交通干道：为骑行速度设计，自动驾驶车辆不得超过骑行速度。

步行巷道：为步行设计，限制快速交通进入，自动驾驶不得超过步行速度。

早间：路缘空间红灯指示

午间：作为动态路缘，方便上下客

107

核心区设计

核心换乘空间

接驳换乘点

8. 街区模式

现行郊区开发模式常以尺度近乎 500~1 000 m 的巨大街区为基本单元，对步行环境极不友好，小街区模式则是对这一问题的改善，一定程度上也可以缓解城市交通压力，提升街道活力。方案提出新型小街区模式，在新型小街区模式下交通量得到有效控制，小街区中的人车混行街道完全成为人的领域，街道活力与安全性进一步提升。基于步行者的心理与空间感受，对穿行道路进行适当错动，增加步行环境的趣味性。交通节点结合沿街界面广场划分，街区内部建筑采用围合形态，形成内部院落公共空间；沿道路建筑界面布置主要入口，提高界面活跃度和街道活力，营造人本尺度的生活模式。

通过以人为本的道路与街区模式转换，街区活力得到提升，人重新回到街道，产生了更多的商业与服务机会。公交节点周边的功能混合布置，进行更高密度的商业与办公开发，整体形成滨水商住、商办、文化服务混合带。

郊区大尺度开发模式——以车为本

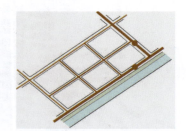

小街区 1.0——人车混行

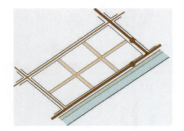

小街区 2.0——以人为本

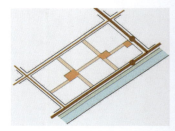

道路错动，节点形成

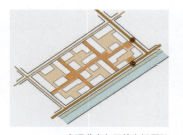

交通节点与开放空间层级

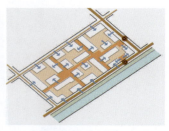

建筑界面的入口布置与可达性

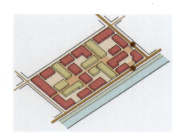

沿街与内部公共功能布置

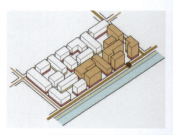

邻里级 TOD 中心的功能混合

小街区控制指标

小区控制指标	住宅（容积率1.5）	住宅（容积率2.0）	住宅（容积率4.0）	商住混合	科研用地	商办（容积率3.0）	商办（容积率6.0）
建筑形态							
建筑限高/层	3~7	3~11	3~30	2~20	3~4	3~17	5~30
最大容积率	1.5	2.0	4.0	3.0	2.5	3.0	6.0
沿街商业容积率	0.1~0.4	0.1~0.4	0.2~0.4	1.5	0.3~0.6	0.1~0.5	0.5~1.0
建筑密度最大值	40%	40%	40%	65%	65%	65%	65%
绿化率最小值	30%	30%	30%	20%	20%	20%	20%

Shared TOD

Shuyi WEI
Jianyu QIU

共享 TOD

韦舒懿
邱健雨

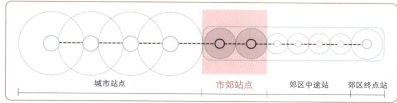

市郊站点的范围

基地位置

市郊作为城乡结合部，一方面为了解决城市拥挤的问题，疏导和承接了部分的城市产业转移与功能转移，在这一过程中，带来了城市扩张的问题。市郊基础设施不完善，功能过于单一造成职住分离和"卧城"现象等问题。同时，市郊作为城市和远郊的中转地带，承接郊区的产品流动，是城市向外扩张的聚变区域，也是各种问题和矛盾最突出的区域。

市郊站点资源流动

1. 总述

我国现今正处于快速的城镇化进程之中，大型城市的发展已经进入快速扩张阶段。大型城市在扩张过程中不可避免地面临郊区发展、中心疏解等多种问题的挑战。而市郊轨道交通的建设，增强了近郊区与原有城市中心的空间联系，最终促使郊区快速发展模式越来越常见。

然而，这种以轨道交通为导向的郊区发展模式带来了市郊轨道交通站点及其周边区域的潮汐人流问题，其具体表现在：1）高峰期和非高峰期的人流数量差异大；2）周边区域的开发冗余。

同时，在研究轨道站点的开发时，又无法忽视市郊站点自身具有一定服务半径的问题。我们将市郊 TOD 的开发层级分为距离站点核心 0~200 m 的交通核心区域、距离站点 200~500 m 的社区服务区域，以及距离站点 500~1 000m 的站点影响区域。

为了解决市郊站点开发带来的潮汐人流及其他伴随而来的开发问题，我们引用了"共享"概念，从经济学和建筑学两个不同的学科方向对其进行解析，具体为：1）经济学中处理产能冗余的"共享经济"手法；2）建筑学中处理公共空间的"共享空间"手法。

通过在经济和空间上的共享，使得市郊站点在不同服务半径上解决市郊线的开发冗余问题。最终目标是使站点能够在清晰地解决不同时间点的交通接驳的同时，也能让开发空间在不同时段中保持高效利用状态，从而提高其商业机会和社区活力。

本研究课题针对近郊区域轨道交通站点出现的人流潮汐问题和开发冗余问题，提出将经济学中的"共享经济"概念与建筑学中的"共享空间"概念作为解决问题的工具，形成新的"共享 TOD"模式。通过这一模式，本研究课题分别在三个服务半径上，对三个时间段上出现的市郊 TOD 问题作出了解答，同时也对新的经济模式和传统开发空间如何相互结合进行了探讨。

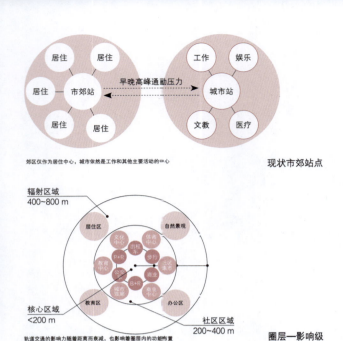

现状市郊站点

圈层—影响级

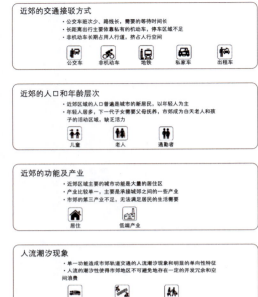

近郊的主要影响因素分析

2. 以轨道建设为导向的近郊发展模式

当今，中国大都市的地域空间结构可以划分为中心城、近郊区、远郊区三个层次，其中"近郊区"是指除郊区新城核心区以外的城郊区域，其本身的定位通常是作为城市中心的发展补充[1-2]。

（1）以轨道建设为导向的近郊发展模式

近郊区域发展的机遇由市民迁入近郊的需求而产生。一方面，原有城市中心居民因土地置换或城市中心区地价上升而获得置换现金，在近郊区寻找更宜居的住房。另一方面，城市虹吸效应加速了其他地区的人才向城市迁入，这些"新市民"多数迁居于房价更便宜、环境更优美的城市近郊[3]。由此，近郊区域开始涌入居民，从而产生了新的交通需求。而轨道交通快速、大运量的特征，可以大幅度提高近郊地区的交通可达性，进一步刺激沿线用地的开发。交通、土地、人口迁入三个因素的相互刺激和催化，使得以轨道交通为导向的区域开发成为一种极为有效的近郊发展模式。这种模式常常反映在：1）在规划阶段，自上而下地引导以轨道交通为核心的土地布局和开发；2）以楼市热度和开发的后续效益为表现，自下而上地对轨道交通附近的开发进行热捧。

（2）人流潮汐性和开发冗余

一方面，近郊发展模式下常会出现一个明显的问题——近郊用地性质单一：市郊轨道交通站点的周边常常进行单一的住宅开发，或者承接城市中心区转移出的科教功能和工业功能。相对单一的土地开发模式造成了市郊轨道交通系统的人流潮汐现象，其体现为高峰期的拥挤不堪和非高峰期的空荡清冷。同时，市郊轨道交通的人流在不同时段出现明显的单向性特征：早高峰时段，从市郊站点向中心区的单向移动人流相对于反向人流具有压倒性优势，而晚高峰时段则反之[4]。

另一方面，市郊轨道交通站点片区在人流潮汐中拥有了人流聚集的优势，并自发形成一定的社区服务和商业服务点。在规划上，许多城市也对此特

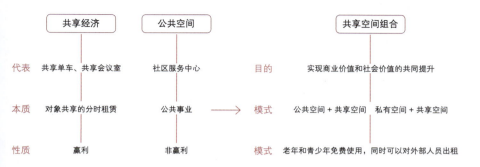

共享的基本模式和组合

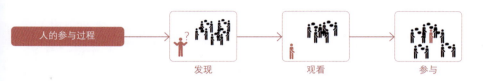

共享的基本模式和组合

点进行了预先的回应。以南京为代表，在城市总体规划中，市郊轨道交通站点的邻近区域设定为"社区综合服务中心"的"小型城市综合体"[5]。

但轨道交通站点的周边开发常由于人流潮汐性而不可避免地存在一定的开发冗余和空间浪费。市郊轨道交通站点的周边如果开发强度过大，其非高峰期的效益则不甚理想；如果开发强度过小，其高峰期的人流及需求该如何满足？与此同时，使用市郊轨道交通站点的人群在职业、年龄、行为特点和空间需求上也有一定的区别。例如在高峰期，使用轨道交通及其开发区域的人群以通勤的工薪阶层、学生为主；而在非高峰期，周边的老人、学龄前儿童又成为主角。

在开发市郊 TOD 时，既要保证一定的开发强度从而满足高峰期的需求，又要考虑避免非高峰期出现开发上的冗余。因此我们试图探讨：在市郊 TOD 开发的过程之中，如何在开发强度和业态比例上实现高峰期和非高峰期的平衡。

3. 共享

以轨道交通为导向的近郊发展模式的出现，是众多城市发展问题带来的综合结果，也是一个涉及经济学、社会学和建筑学等领域的系统性问题。因此，解决市郊 TOD 开发出现的问题须从多学科的角度入手。

（1）共享经济在市郊 TOD 开发中的应用

近年来媒体频频出现"共享"一词。准确地来说，经济学和互联网行业的"共享"概念更接近"共享经济"的定义。共享经济主要针对经济增速下滑、有效需求不足而带来的产能过剩、大量资源闲置等问题，其解决方法是借助第三方平台，将资源的使用权暂时性转移，从而实现生产要素的社会化[6]。而对于城市空间而言，如果将空间看作一种资源或者生产要素，通过共享来提高空间资源的利用效率，似乎是一种可行的模式。

共享经济的一个成功之处在于共享经济的平台实现了需求方的个性和定制化服务，进而提高了供给方的资源利用效率[6]。在市郊 TOD 开发之中，人

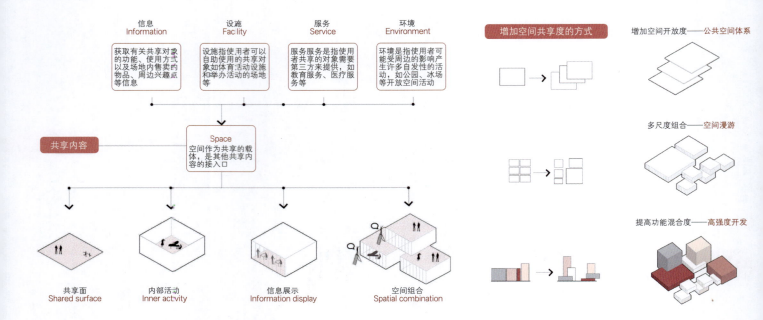

流潮汐性导致地块内的主要使用人群在不同时间之内发生变化。若将这些使用人群看作共享经济中的需求方，针对其不同需求产生空间的定制化服务，对于解决市郊 TOD 开发出现的冗余困境而言将是一种有效的方式。传统的 TOD 商业模式的核心在于将轨道交通人流与开发空间进行了良好的对接，从而产生积极收益。现存市郊 TOD 开发空间的模式仍然根植于传统的商业模式，但固定的商场空间设定和业态安排无法满足市郊轨道交通站点的人流特点，其大多数业态因人流缺失而难以生存。从共享经济的角度考虑，让开发空间业态主动而灵活地应对人流的大量性、规律性变化，将提升空间开发的效率。

（2）共享空间与市郊 TOD

"共享"这一概念并不是"共享经济"的首创。在建筑学领域，"共享空间"已经被熟知。共享空间的概念最早由约翰·波特曼（John Portman）提出并应用于酒店的中庭设计之中，波特曼在亚特兰大凯悦酒店（Hyatt Regency Atlanta, 1967）中设计了 22 层高的巨大空间，营造了一个富有生活气息、充满人性的共享场所。在他的作品里，共享空间是一个视线自由、功能交汇、动态开放的大型空间。

视线的自由首先带来了精神上的积极作用。格式塔心理学认为，人类会从心理上本能地寻求对同类的依靠，以减少自身的孤独感。视线交汇带来心理慰藉，也带来吸引和暗示，甚至是引诱和参与。共享空间的另一个特点是"多功能"，大空间的出现包容了人们进行各式各样的行为活动，使得空间不单单是满足人各种行为的机器，而是生活的承载容器。通过大空间中的视线自由和多功能化，引导人群进行"看到—围观—参与"的一系列行为，从而形成积极活跃的空间氛围[7]。

建筑空间和城市空间可看作墙壁的"内和外"，内部空间作为拥有具体产权的"资源"，通过共享经济的平台灵活调节其使用权。而作为"外"的城市公共空间，其价值属于公众和城市，并不拥有具体的生产价值，无法通过共享平台进行具体的使用权分配。此时需要建筑学中的"共享空间"理念，在多种人群和行为的叠加之下充分发挥其作为公共空间的价值。

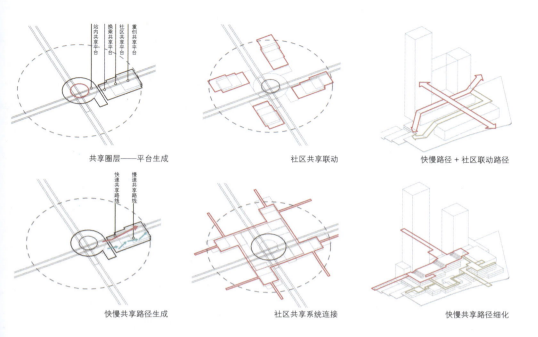

共享圈层——平台生成　　社区共享联动　　快慢路径 + 社区联动路径

快慢共享路径生成　　社区共享系统连接　　快慢共享路径细化　　针对共享型市郊 TOD 的具体设计

4. 基于具体设计的共享型市郊 TOD 探究

通过上文的探讨可见，共享模式是解决市郊 TOD 问题的一个可行途径。下文将从共享经济、共享空间的特点以及市郊 TOD 自身的问题出发，研究共享模式对于解决市郊 TOD 的开发冗余问题的作用。同时以模式研究为基础，结合 2019 年东南大学建筑学院研究生一年级设计课程"轨道站点一体化城市设计研究"，对南京主城东部百水桥站进行站点设计。

通过之前的讨论，我们将市郊 TOD 的开发层级分为距离站点核心 0~200 m 的交通核心区域、距离站点 200~500 m 的社区服务区域以及距离站点 500~1 000 m 的站点影响区域。

这三个区域具有不同的服务对象和服务目标。交通核心区域的服务目标是交通人流的运送和疏散；社区服务区域的目标是利用轨道交通站点的交通优势，为周边社区提供便捷、高效的商业服务和社区服务；站点影响区域则是周边地区的人流原发地，其土地性质决定了区域内将产生大量的通勤人流，并于高峰期汇集到市郊 TOD 的开发区域。三个开发层级具有各自不同的特点和服务目标，在处理时，应对三个区域"对症下药"，并达到解决市郊 TOD 的整体问题的目的。因此，针对三个层级上实施不同的共享机制，对各自的共享问题进行具体探究。

5. 站内共享——共享空间的信息共享和运力共享

站内层面主要解决在一天之内的高峰期和非高峰期的轮换之中出现的人流潮汐问题。在高峰期，瞬时大量人流需要在站内进行快速的换乘。无论是两条轨道交通线之间的换乘，还是轨道—公交汽车、轨道—出租车、轨道—慢行系统等其他方式的换乘，为了快速地输送人流，须做到站内换乘目标明确可视和换乘路径快捷便利。同时为了容纳大量人流，站内的空间面积和容量须做到足够大。但在非高峰期，用于容纳瞬时大量人流的大空间将处于空置状态。

如何解决站内换乘的问题？我们试图通过应用建筑学中的"共享空间"概念，利用大空间视线自由的特点，在大空间里将站内的换乘目标变得明确而可视。在站内的共享空间中，通过大空间内视线的连通，一个从公交车

市郊站点在不同时间尺度上存在由于人流潮汐性而造成的开发冗余问题,以及由于特殊区位造成的"圈层—影响级"问题。本设计引入"共享"概念,通过将其解析为"共享经济"与"共享空间"两种手法,解决市郊线在三个影响圈层上存在的问题,不仅使市郊站点满足不同时间点的交通接驳需求,也使开发空间在不同时段中保持高效利用状态,从而提高其商业和社区活力。

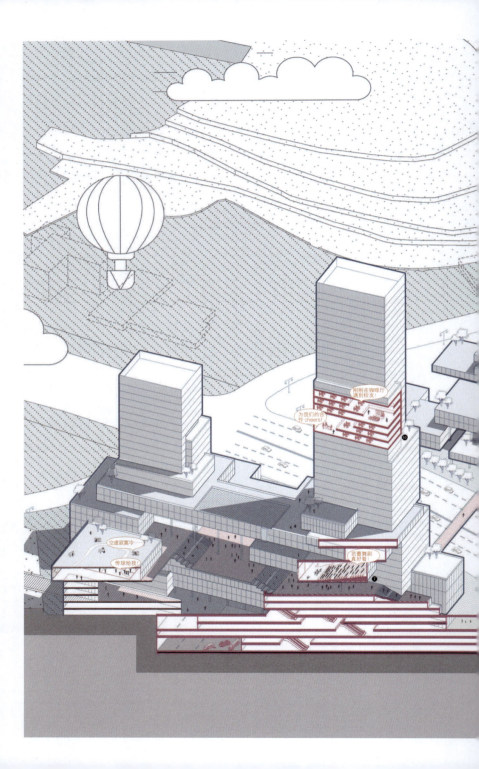

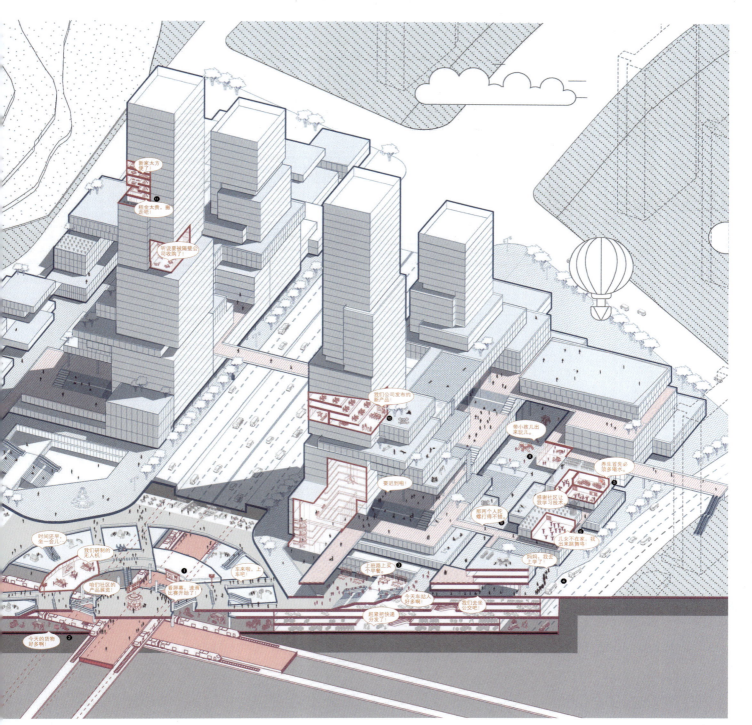

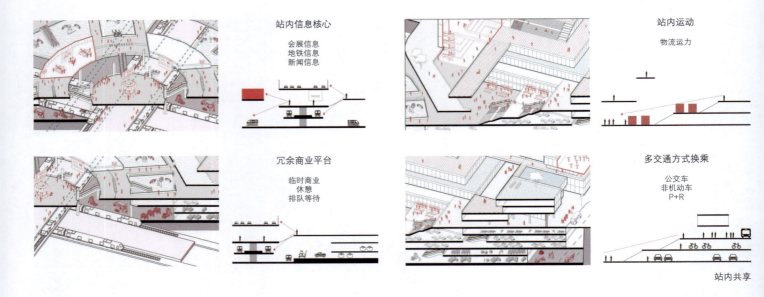

站下车的人可以清楚地看到站内轨道交通的运行情况和站内的拥堵情况，因此他可以快速做出选择，是去往轨道交通的付费区还是停留在非付费区继续等待。一个从轨道站点下车的人，可以明确地看到公交站、P+R停车场和社区慢行系统的方向，从而迅速确定目标、做出行动。

共享空间的多功能特点也可以在轨道交通站点的高峰期和非高峰期的转换之中得到利用。在高峰期，共享空间是属于轨道交通的通行人流和等待人流的场所。而在非高峰期，除了保证其必要的通行空间之外，之前的等待区域可以作为灵活利用的商业、休闲场地，从而提高共享空间的利用效率。共享空间通过视线自由和多功能化，引导人群进行"看到—围观—参与"的一系列行为，形成积极活跃的空间氛围。

为提高空间的使用效率，同样可以将"共享空间"的多功能概念应用于除通行和等待区域之外的站内必要的商业服务空间中。早高峰时段的人流需要一定的餐饮服务，而在其他时段这一需求急剧下降。可以通过开辟灵活商业的专区，让其从临时餐饮转换为集市、卖场等业态。

高峰期的单向人流带来运力的单向利用，而另一个方向的运力会变成冗余的资源。在物流和快递行业越来越繁荣的今天，作为居住区，市郊TOD可以成为物资目的地，作为近郊交通枢纽，市郊TOD则拥有处理和分发货物的极好区位。市郊TOD的部分区域可开发为物流和仓储空间，充分利用市郊线反向运力的冗余资源，同时为未来的停车、商业预留空间。

6. 社区服务区域共享——"内与外"

社区服务区域共享用来解决工作日和非工作日之间的人流潮汐现象问题。市郊TOD的开发区域服务于周边地区，因此其业态兼具商业性和公共性。商业空间具有一定的私有属性，其产权属于开发商或业主。社区公共空间则带来社区人流的吸引集聚效应，反哺商业空间。同时在规划之中，市郊TOD也承担一部分公共服务功能。对于服务于社区的开发区域来说，

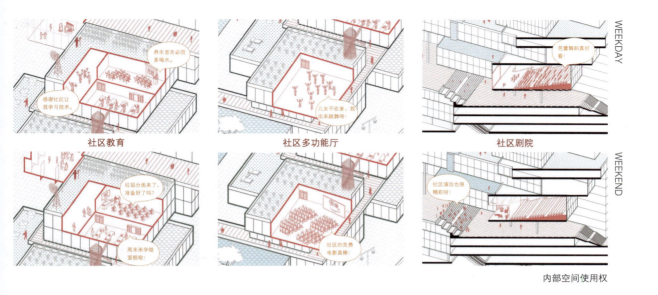

内部空间使用权

经济效益、开发效率和人群吸引能力是其有效运营的根本保证。但近郊区域人流潮汐性的特点又导致这一部分的效益在工作日的非高峰期间受到影响。因此，我们将市郊 TOD 的开发空间划分为具有一定私有性的建筑空间和具有公共性的城市空间两种，就像空间的"内和外"，分别从"共享经济"和"共享空间"两个角度解决人流潮汐性带来的开发浪费问题。

（1）建筑内部空间

作为"内"空间的建筑空间是具有具体产权的"资源"，可通过共享经济的平台来灵活调节其使用权。例如利用互联网工具，将工作日与非工作日的使用权分别提供给两类人群。工作日期间，老年人与非学龄幼儿成为这里的主角，因此可以将教育空间的使用权租借给老年人和幼儿的培训机构，吸引更多的老年人和幼儿走出家门；工作日期间，周边从事低端服务行业的年轻人也有空闲时间，可在这里为他们设置职业培训的教学场所。而在周末，这里可为休息的工薪阶层和学生设置社区工作坊和课外辅导班，对社区教育资源进行灵活分配，使得教育空间利用效率得到提升。

（2）城市公共空间

作为"外"的城市公共空间属于公众和城市，作为资源并不拥有具体的生产价值，无法通过共享平台进行确切的使用权分配。此时需要应用建筑学中的"共享空间"理念，在多种人群和行为的叠加之下充分发挥城市空间作为公共空间的价值。晚高峰的归家人流可以在城市公共空间的慢行路径上漫游，在大空间的视线引导下发现自己感兴趣的活动，从而聚集和参与，达到 TOD 开发让人们更多地停留的目的。同时也可以在共享空间的大空间上方设置一个极具吸引力的活动点，如设置体育空间并进行界面上的透明处理，利用空间上的吸引原理，吸引人们到此处活动。

内与外之间也可以进行灵活的打通和利用。在社区的街道之中，可通过内外之间的可变隔断，在必要时将建筑内部空间和外部空间融合、打开，从

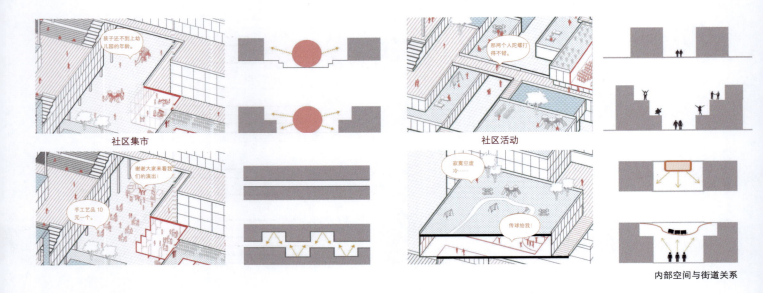

内部空间与街道关系

而达到内部功能和外部公共氛围的联动。例如在周末举行社区活动时将隔断打开，令建筑变成街道的延续，满足活动的容量需求，同时将街道氛围引入室内。而在不举行活动时，闭合室内外之间的隔断，室内可以作为独立的商业空间使用。再例如，将室内舞台和室外公共空间之间的隔断打开，让舞台从私有财富变成社区氛围提升的利器，提高其口碑。

7. 众创办公共享——内部空间灵活组织与变化

解决人流潮汐性问题更需要提高区域内的吸引力，让周边的居民以及更远处的居民将近郊区当作工作目的地，否则无法从本质上改变轨道交通单向人流带来的运力浪费状况。

近郊区域对哪些工作的入驻更有吸引力？近郊区域的优势在于地价低廉，环境优美，新迁入的居民较多且年轻化。低廉的成本和年轻的劳动力对于初创的企业具有吸引力，因此可在近郊区域有针对性地设置吸引初创企业的场所，改善社区中由于产业不足而造成的人流潮汐现象。

如何通过设计来达到吸引初创企业的目的？首先分析初创企业的需求。初创企业面临的难题是竞争环境激烈，并须接受已经成型的巨头的挑战。但与此同时，单枪匹马的初创企业也有着合作成长的机遇，不同的初创企业可以通过合作来提高自己的生存几率。如在办公区域设置没有指定具体使用权的共享空间来降低初创企业的成本消耗，通过共享设备、会议室等需要成本维护的设备和空间，提高初创企业的资金利用效率。再如打破原有的服务功能集中于底层的设定，将服务功能迁入办公区域之中，设置共享的展示空间、休息区、小酒吧、休息平台等共享服务空间，加强小企业之间的合作与交流，让年轻人获得更多的思想碰撞的机会。

是否仅仅能做到"现在"这个时间里的共享？不仅仅如此。市郊 TOD 需

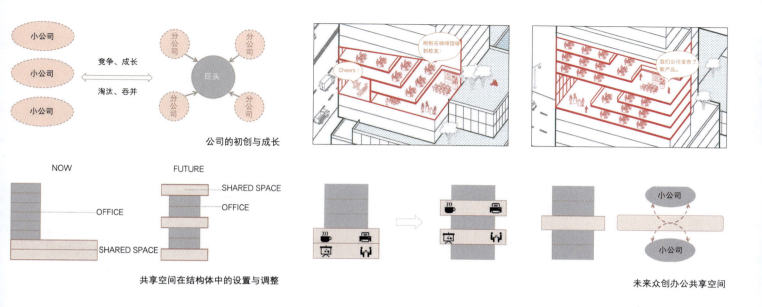

要为未来预留空间，去应对未来可能发生的业态变化。在城市的发展过程之中，近郊只是一个处在我们眼前的时间上的概念。若将眼光延伸至未来的时间段之中，或许可以看到这块基地演变成未来的"市中心"。时间将赋予城市发展和变化，也带来土地价值的改变。当土地增值，地块失去了原有的价格低廉的优势，土地性质、空间功能、业态比例也会发生一定的演变。

共享空间在现在可以用于提供服务功能，但在未来，可能会作为建筑土地性质、业态改变之后可随之调整的区域。例如在同一个结构体之中，从办公业态转换为收益更高的酒店、住宅，预留出来的空间便可以在这些业态变化中，去进行利益的重新调整和分配。

本文发表于《城市建筑》2021年2月（上）刊

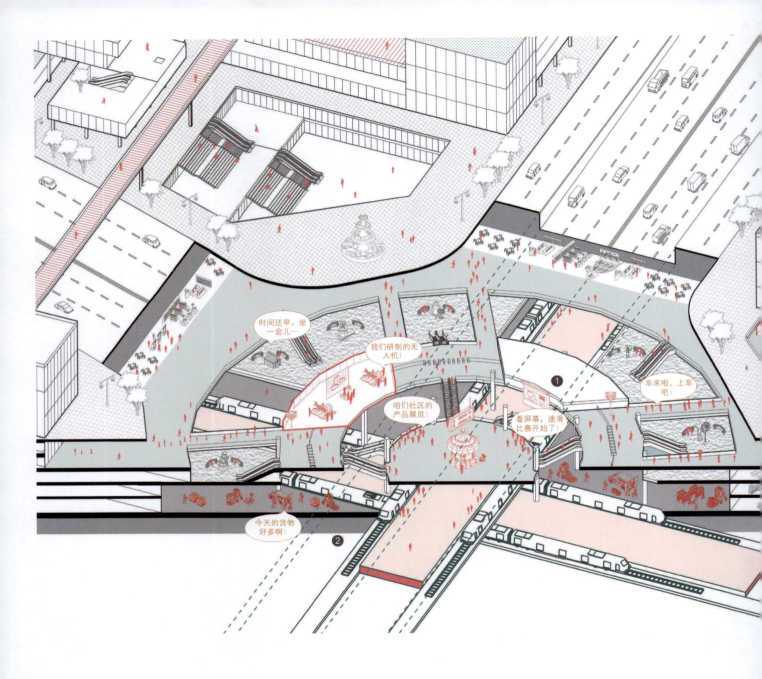

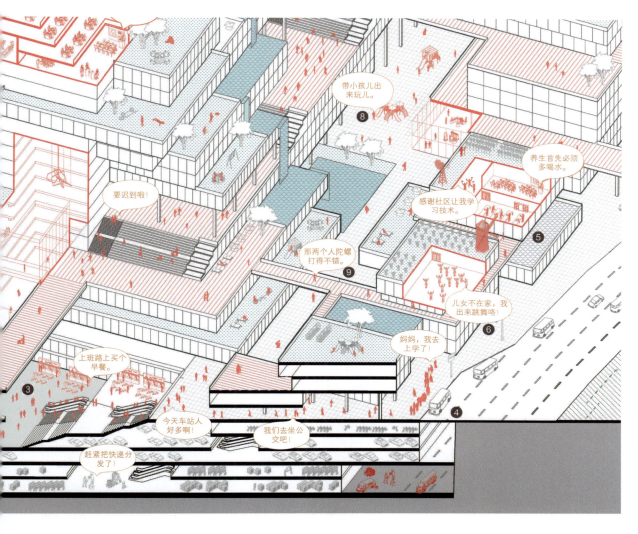

注释

1 王旭. 美国城市发展模式：从城市化到大都市区化 [M]. 北京：清华大学出版社，2006.
2 刘龙胜，杜建华，张道海. 轨道上的世界：东京都市圈城市与交通研究 [M]. 北京：人民交通出版社，2013.
3 CERVERO R, DAY J. 中国城市的郊区化与公交导向开发 [J]. 刘贤腾，孙中亚，校译. 上海城市规划，2010（4）：50-59.
4 许志榕. 上海市职住关系和通勤特征分析研究：基于轨道交通客流数据视角 [J]. 上海城市规划，2016（2）：114-121.
5 李世民，安栓庄，贺腊妮. 轨道交通与城市用地开发互动影响研究 [J]. 都市快轨交通，2013，26（5）：25-29.
6 郑志来. 共享经济的成因、内涵与商业模式研究 [J]. 现代经济探讨，2016（3）：32-36.
7 童曦. 中国中小城市文化建筑综合体的空间共享化问题研究 [D]. 南京：东南大学，2015.

Slow System in TOD

Juan XU
Jiayi CHEN

慢行 TOD

许　娟
陈嘉逸

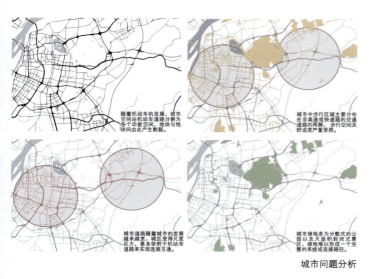

城市问题分析

本文通过对"近郊区""轨道交通站点""慢行系统"三个元素进行有机结合,提出未来市郊轨道交通站点新的生活空间模式,并以轨道交通站点为触媒,结合特定的城市背景,探讨一种新的慢行系统的可能性,创造出连续通达的慢行环境,同时结合公共空间的设计,提升体验经济时代下城市空间的品质,打造人性化城市。

1. 问题和背景

(1) 城市问题

20世纪,伴随着机动车的发展,城市干道越来越宽,城区变得尺度巨大、功能单一,城市功能上的连接主要依靠机动车道路来实现。而城市机动车干道两侧的恶劣环境无法满足人们的步行活动的需求,传统步行城市中充满活力并充当着社会融合场所的城市空间网络正逐渐消失,行人在城市中的地位也在逐步降低,而这一点在快速路纵横的近郊区表现尤为显著。发展城市步行空间,不仅可以倡导健康低碳、绿色环保的生活方式,也可以最大程度地提高城市活力,促进经济发展。在当下的机动车时代,如何在市郊站点中形成一种新的TOD站城一体化方式来实现城市交通干道与步行空间的共生,并塑造未来新型的城市公共空间,是本文探讨的问题。

(2) 场地问题

场地选址于百水桥站,属于近郊区,是宁句城际线S6号线(站台地下3层)与地铁12号线(站台地下4层)的换乘站(站厅地下2层),位于宁杭高速公路与马高路交会处,根据上位规划,百水桥站将成为未来城市东部门户节点。场地现状为:宁杭公路下穿使场地形成不同的标高,同时割裂了南北地块,导致过街困难;无论是东西向的宁杭高速还是南北向的宁芝路和马高路都属于城市快速道路,主要供机动车通行,两侧缺少对慢行系统的支持;站点周边拥有良好的城市景观资源,西北角有夏家山,东侧有明外郭,但周边景观资源较为分散,未成体系。场地内表现出当下近郊区发展出现的一些普遍问题:功能单一、用地被快速路割裂、难以形成友好的步行环境等。

(3) 需求问题

从人的需求出发,如何满足人们对于线下实体空间品质的要求,在轨道站点人流大量集聚的地方,如何让人更舒适地从车站走向街区,增强人们的体验性,又如何在沿线过程中提供给人们多功能的业态选择,满足人们的消费需求等,是前期研究的出发点。

地块因宁杭公路下穿而分为南北两部分，用地割裂。

由于道路下穿，地上、地下都被车行道路隔断，导致过街成为难题。

地块被城市快速路穿过，两侧步行空间缺失，步行连续路径不足。

位于近郊区，片区存在一些自然山体，景观良好，但呈碎片化分布。

场地分析

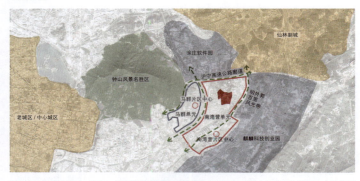

基地位于南湾营单元，250 m 半径辐射范围包含麒麟科技创新园，500 m 半径辐射范围包含仙林副城，1000 m 半径辐射范围包含市中心 & 老城区，区位较为便利。

根据上位规划，基地为南湾营单元的商业中心，与其余几个商业中心一起联动，带动近郊区发展。

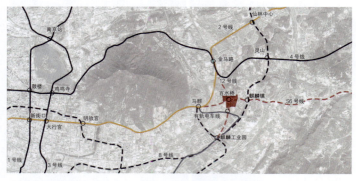

百水桥站是宁句城际线 S6 号线与南京地铁 12 号线的换乘站，向西连接 2 号线延续至主城，向东连接 8 号线，向北连接 4 号线。

基地紧邻南湾营公园，坐落在百里风光带上，远眺钟山风景名胜区，景观资源丰富。周边的明外郭和夏家山都可结合慢行系统加以利用。

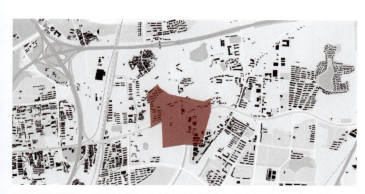

区域内肌理尺度均匀,建筑排布规整,方向均以平行道路为主。与市中心的相比,郊区的建筑肌理较为疏松,存在较大发展空间和潜力。

百水桥站位于宁杭公路与马高路交叉口,其中,宁杭公路在基地内为下穿道路。周边其他道路处于建设中。

市郊站点间间距1~2 km,市郊站点TOD辐射范围在500~1 000 m,可与周边站点形成联动。

南侧的明外郭百里风光带集历史文化传承和生态休闲功能为一体,与基地有着良好的视廊联系。

现状

人群分析

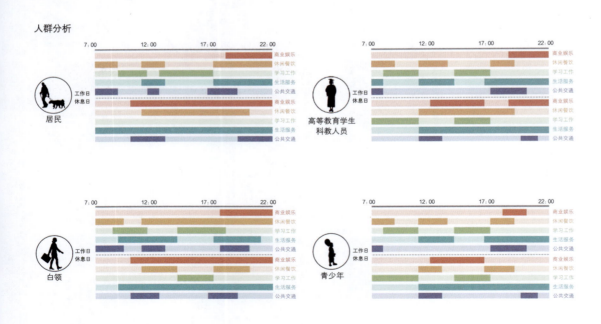

问题分析

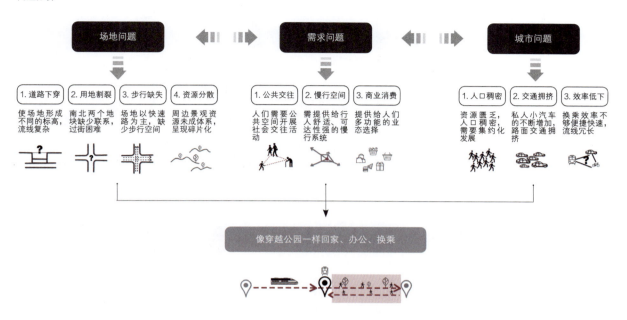

研究框架

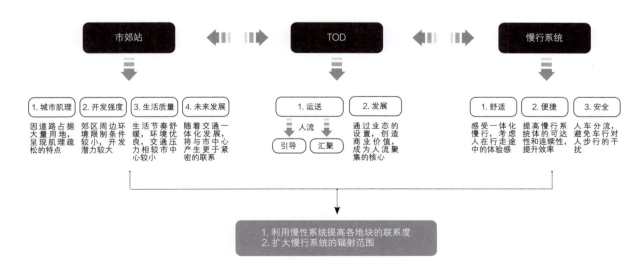

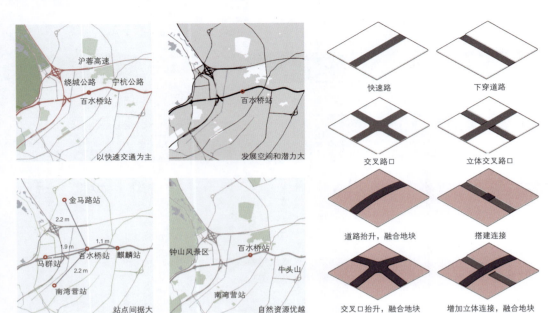

2. 要素研究

（1）近郊区特性

对于近郊的特性，笔者主要总结为以下几点：市郊站点周边多为快速路，道路密度较低，用地割裂；相较于城市中心高容积率、较为紧凑的开发模式，近郊区呈现出一种更为松散的状态，地块之间的联系较弱；近郊区往往拥有更良好的景观资源，可为市郊站点提供良好的绿化景观环境；市郊站点人群多为在地居民，需要配建完善的生活设施；市郊站点有明显的人流潮汐现象，同时由于其站距大，在下班高峰期的顺时人流也比城市中心区表现得更为明显；市郊站点间间距较大，需要考虑"最后一公里"的建设。

（2）慢行系统

1）定义。慢行系统是相较于快速通过式的车行道路而言的更慢速的道路，适于步行、骑行、等活动，更安全舒适和健康。慢行系统的设置需要考虑与其他交通方式的互补衔接，以更好地服务于人的出行。

2）意义。设置慢行系统可以使各地块的联系更加紧密，更方便人们到达各地块，既可以满足人群的需求，又可以创造片区活力。同时，慢行系统可以联系周边更远的地块，扩大地铁核心区的辐射范围，通过与周边地块更好地衔接从而增强可达性来提高其潜在价值。其价值主要体现为以下三方面：商业价值、体验价值和叠合价值。设置慢行系统可以创造多路径的选择，从而提高消费的可能性；从人本身出发，慢行系统的设计对人的出行体验有十分直接的影响；慢行系统的商业价值和体验价值相叠合将创造出更大的价值。

3）三者结合。从城市中心到城市郊区，城市的肌理密度逐渐降低，慢行空间的道路网格逐渐变大，人口密度逐渐减小，慢行距离和慢行时间则在相应增加，慢行系统的尺度逐渐脱离人适宜的步行尺度，因此在设计中需要考虑核心地块内的慢行系统和核心地块与周边地块的连接。此外，近郊区有着丰富的景观资源，可以为城市慢行空间提供良好的环境基础。

城市慢行空间与轨道交通站点的结合须考虑以下几个问题：大运量的轨道交通站点的人流能否进行快速便捷的疏散，使人们方便地到达各目的地；

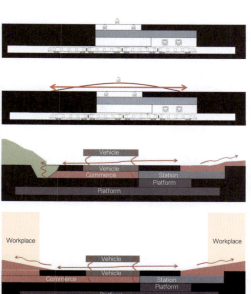

立体分流
人车分流，立体分层将地面步行环境还给城市。

在各交通工具的换乘流线上，是否可以利用城市慢行空间营造更加舒适的体验感，增加空间的可停留性；城市慢行空间是否应具有一定的空间特色，以提高与周边商业的竞争力，提升片区活力，提高公共交通的使用率；能否通过舒适的城市慢行空间的引入，增强地区的可达性，扩大传统轨道交通站点的影响范围，从而提升地区土地价值与经济效益。

3. 策略探讨

体验经济时代下，人们的诉求从纯物质性的消费转向趣味性的空间体验和便利。相比于线上购物的快捷，在线下人们更加注重实体空间的品质和感受。大运量的轨道交通站点作为一个触媒，将进一步聚集人流，提升片区土地价值，引发空间的整合和聚集，站城一体化的趋势将进一步加强。如何提升站城活力，提高人们的生活品质和丰富性，未来的公共空间在哪儿，如何构建城市友好的交往模式，找到属于每一个人的生活状态，是笔者思考的出发点。基于以上前期分析，笔者从大的城市背景出发，基于场地的特定问题和矛盾，提出以下策略，希望重新打造市郊站点慢行系统的可能

性，进而建构一种未来站城一体化的生活空间模式。

（1）归还地面空间——增强可达性（Arrival）

简·雅各布斯在其著作《美国大城市的死与生》中指出："城市的本质就是为了人们的生活。"她倡导"适宜的尺度"和"宜居社区"，认为一个好的城市应该在街道尺度上易于开展社会交往，街道和公共空间必须是步行友好的关系。笔者认为无论社会如何发展，人才是生活于城市、体验于城市的核心，因此应转换视角，从车行主导转向以人为本，为城市中的人们创造更多可步行的空间，进而激发个体的活力。

如何在既有场地的限制下，为人们创造出更多可步行的空间，卡尔索普曾说："我觉得可以搞无汽车的道路，没有机动车的道路，这个道路只能够有公交、步行或者骑行。这样的方案可以解决很多城市拥堵的问题，不用再增加更多的道路，把现有的道路开辟为无机动车道路就好了。"因此笔者提出的策略是人车分流、立体分层，将首层的步行环境归还给行人。基

于场地原有的特点为：处于快速路交叉口，有下穿道路，两线在此换乘，首层作为城市中人们最方便到达的地方，其步行空间不仅被切割而且环境恶劣。因此将快速路抬升，原本快速通过的道路仅线性地输送车辆，大量通过公共交通到达该地块的人可以享受更多城市底层的开放空间，实现人性化城市的建构。通过人车分离减少交通事故的发生，增强安全性。

道路的立体分层释放了地面空间，缝合了原本被机动车割裂的单个地块，改变地块原有人车混行的穿越模式，形成地面一体化慢行，使得人们可以方便而畅通地通过公共交通到达各个地块，增强了可达性。同时，道路的立体分层也重新定义了街道空间，打破了道路的边界，通过街道与建筑空间的整合创造出更多互动式空间，增强城市的参与性。

（2）自由路径——增强连续性（Connection）

1）与周边的连接。从片区尺度思考，以站点为触媒，通过慢行系统打通城市脉络，进而建立城市走廊，利用慢行系统提高各地块的整合度，扩大慢行系统的影响域。比如与周边的景观资源接驳，使设计成为城市绿地系统的一个环节，适应近郊自由舒缓的节奏。建立核心地块以外的连接，加强地上、地下慢行系统的三维整合。如日本银座站地下街通过设置慢行系统将银座站、京桥站、东京站的地下空间进行整合，形成系统的网络，在地下即可实现连通，同时也带动了地下空间的发展，实现了城市空间整体性融合。日本的二子玉川站则是地上空间慢行系统整合的典型案例，通过一条明显的城市廊道，串联起四个各具特点的街区，实现了城市到自然的过渡，具有明显的郊区站特征。进入二子玉川站地铁站内即可看见多摩川风光，经过一个开敞通透的玻璃中庭到达出租与巴士的接驳点，沿着楼梯到达二层平台的商务办公酒店，接着通过一条绿廊到达开放住区，最后看到宁静的二子玉川公园，这是一条便捷舒适的人行廊道。只有城市为人们提供更适宜的道路才可以更好地支持人们的公共活动，才能促进城市活力的产生。

2）核心地块的连接。①立体公园。如何通过慢行系统的设置引导人们进入地块，同时产生舒适的步行体验，是设计的出发点。笔者希望人们像穿越公园一样购物、办公、回家，形成一种不知不觉的愉快的体验。公园是一种多功能空间，市民可以在其中进行日常性活动。设计者将普通的公园进行了立体重构，通过地面的起伏，消解口层的概念，自然形成不同标高，人们可以自由选择不同路径，路径之下是覆盖着不同功能的盒子。街心成

日本银座站和二子玉川站照片

为联系四个地块的纽带，改变了原本被快速路割裂的格局，人们可以在首层安全方便地抵达各个地块，而不受任何车行的干扰。首层成为开放的市民街区，可以容纳多元的活动，二、三层为商业办公，屋顶为运动型广场。街心通过一个垂直的立体广场与各个地块建立连接，将平面的广场进行立体展开，提供了一种新的公共空间。人们可以在台阶下静坐闲聊，同时也可以方便地通过立体广场进入每一层内，方便地到达各公共空间。

笔者希望在市郊站点为人们建立起一种更亲近自然、自由舒适的面状的三维一体化慢行空间，在体验经济时代下，为来到这里的人创造全新的体验：一种人工化的自然。人们可以直接与周边的景观产生对话，体验一种新的立体化的公共空间，人们也可以从多个层级进入，这可以为地块带来更多元的价值和更丰富的活动。

②空间节点。在每个地块分别设置城市慢行核心，并承担不同的功能类型，结合地铁站点出入口，形成联系地上、地下的开放式城市客厅。根据市郊站点人流潮汐现象设置空间节点，承载上下班高峰期的大量集散人流，而白天这里可以成为人们活动交流的公共场所或是在此举办一些大型活动，形成一定的空间弹性。同时玻璃中庭将自然光线直接引入，使得人们从站点出来即可感受到光照，多层的平台下设置进行视线交流的空间，促发更多活动的产生。空间节点不仅可与通高的广场相连，同时结合室外的庭院，引入自然绿化生态，让人们感受到一种自然的转换，产生更加丰富的步行体验。屋顶的运动型广场全天候开放和共享，为周边住区的人们提供了一个共享室外平台，屋顶跑道串联起其他地块，打破了原本各地块之间的封闭隔绝，产生新的活力。屋顶本身则作为大地景观系统中的一环，为周边高层住区提供了良好的景观视野。

通过将公园式的慢行空间与轨道交通站点相连，一方面贴合近郊自然生态舒缓的生活节奏，另一方面也为居住、办公、购物的人提供更舒适和丰富的体验，让人们感受风光雨露，享受体验式空间的品质和乐趣。

3）交通接驳——增强效率性（Efficency）。慢行系统是相较于快速通过式的车行系统而言，主要支持步行、骑行等活动。由于近郊区大多数站点相距较远，考虑到出行效率，慢行系统需要结合其他交通方式，以更方便地促进人们的出行。在核心地块内，首层设置了公交首末站，地下设置了P+R停车场，将慢行系统与快速交通进行连接和转化，体现了快与慢的并置，满足不同人群的需求。

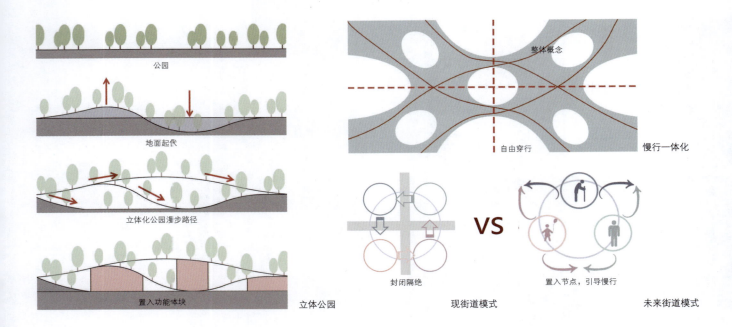

4）慢行系统的可能性。笔者通过设计试图重新定义慢行系统，认为其主要具有以下几点可能性：消解廊道的概念，整体有机，以减法操作的形式通过图底转换，自然形成了遮蔽空间，创造出自由慢行；底层共享，探讨一种新的公共性与开放性，从人的角度出发，创造更多自由相遇的可能性，产生空间中的交融；建筑主要为地景化式，慢行系统多为坡道连接，是地面自然的延续，以一种低姿态让人们愿意接近，忽略时间性，让人更加不知不觉地到达；将慢行系统融入自然与室外，更加生态，同时引入光线，让人们能更舒适地慢行，像穿越公园一般，也可以将部分目的性人流转化为无目的性人流，激发更多的活力。

4. 未来模式

（1）慢行系统的营建

道路的不断拓宽令车行的移动速度越来越快，却也丧失了更多的街道活力。而街道是一座城市社会与商业的动脉，如果一个城市建立起完善通畅的慢行系统，那么这座城市将激发起人们更多的社会交往和商业活动。

在机动车时代下，如何实现步行与干道的共生，如何为行人提供更舒适、便捷的慢行环境，是本文研究的核心议题。笔者认为在建成环境下主要有以下两种改进方式：一是如前文设计中所探讨的，将高速道路抬升，实现立体分层，一层为快速通过的线性式车流，道路主要为连接城市若干功能点的纽带，一层为生活式街道，充分释放地面活力给行人，人们可以更安全舒适地使用街道。通过对道路设施的改造，获取人对城市空间更大的使用权。另一种是珍妮特·萨迪-汗（Janette Sadik-Khan）在《抢街》一书中提到的："利用道路标志、交通标志、沥青和减速带，对重点街道重新设计规划。缩短人行横道，改变车流模式，从而减少变道，控制车速。这样，街道可见度增加了，司机、骑行者、行人就学会了期待和预测，从而形成良性循环。"这种方法是在更微观的层面提出对道路的一些改进措施，减少车行对人慢行的影响。最终目的都是为了塑造"群体安全感"，通过主动地去改造道路或者街道的格局，让生活在城市中的人们获得更多的体验感和参与感，让人们有更多时间和机会去欣赏身边的城市和景观，

空间意向图

同时增强了人们对一座城市的身份认同感。

（2）未来城市发展模式

慢行城市的提出，是为了不受制于机动车模式的束缚，让生活在城市中的人们产生更舒适的步行体验。有学者称，未来的轨道站点除了功能复合，更需要提供优质的活动空间，并以轨道建设为契机，为城市提供绿化与休闲场所，创造新的生态价值和场所体验，与城市周边环境相衔接，弥合由于轨道造成割裂的城市空间。

本文以大运量轨道交通站点为触媒，通过便捷舒适的慢行系统的建立，连接出行点与目标点，从车行视角向人行视角转换，强调街道不仅仅为机动车服务，更重要的是为生活在其中的人提供良好的步行环境，缩短人与人之间的距离，构建城市友好的交往模式。同时结合公共空间与市郊站点的特性，将自然生态光线引入，提升实体空间的体验感和品质。结合设计，笔者在核心区内提出了一种新的慢行系统的可能性，希望人们在居住、消费与办公的同时能享受到一种积极的公共空间品质，促进人与人之间的交流与交往，建立一种良好的社会关系，实现真正的人性化城市。

本文发表于《城市建筑》2020年9月（中）刊

参考文献

[1] 日建设计站城一体开发研究会. 站城一体化开发：新一代公共交通指向型城市建设 [M]. 北京：中国建筑工业出版社，2014..
[2] 周建琴. 城市慢行交通友好性综合评价研究 [D]. 北京：北京交通大学，2011.
[3] 孙彤宇，许凯. 步行与干道的合集 [M]. 上海：同济大学出版社，2017.
[4] 衣然. TOD模式下城近郊区轨道交通站点交通衔接设施研究 [D]. 北京：北京建筑大学，2018.
[5] 牛彦龙，严建伟. 营造地铁站域慢行空间激发城市活力：天津、香港地铁站点探析与启示 [J]. 建筑与文化，2015（9）：112-113.

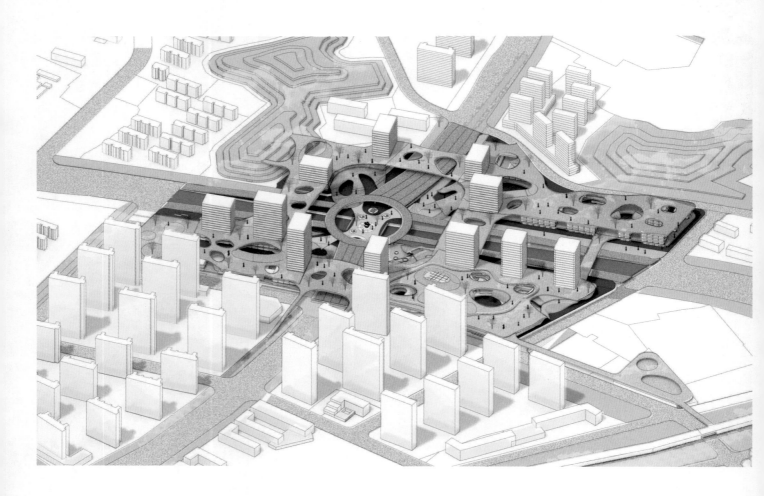

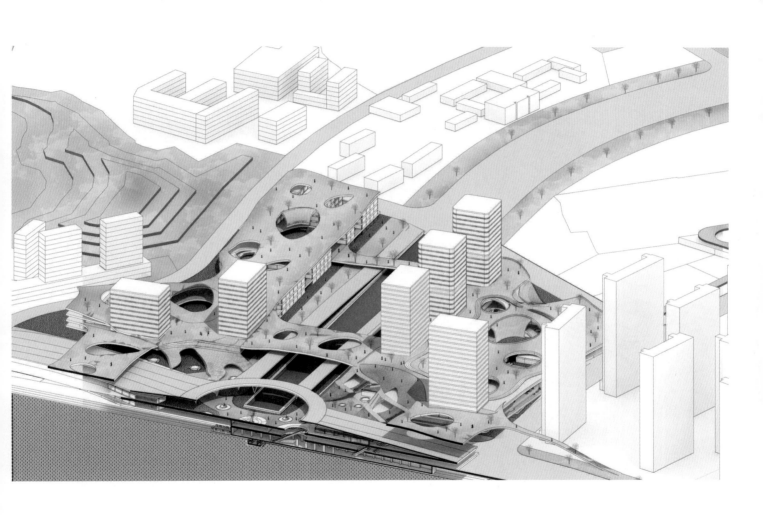

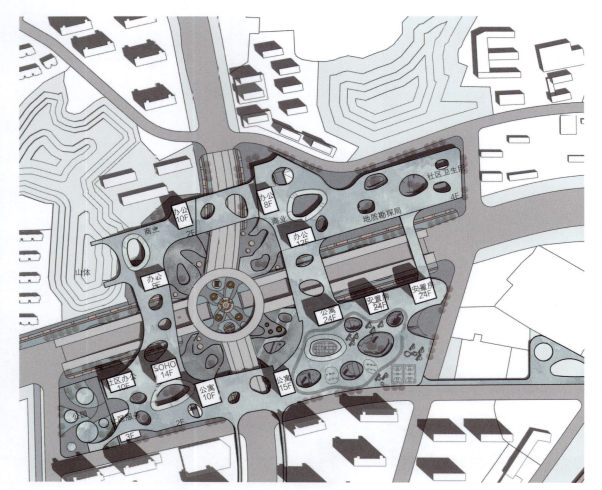

该基地的主要矛盾焦点在于位于道路交叉口，街心不仅处于两线换乘的位置，同时也有下穿道路经过，将原本完整的地块割裂，步行空间局促。

设计者以此为出发点，旨在建立一体化的慢行网络，打破传统沿城市道路行走的线性慢行空间，形成自由舒适的三维一体化的新型慢行空间，同时连接由现状割裂的四个象限。

各地块分别设置城市慢行核心，并承担不同的功能类型，吸引人流，为市民提供舒适、自由、连续的城市慢行空间，提高地块及城市活力。

整体考虑

将道路进行挖空及连接

植入商业小盒子

置入光庭

生长高层

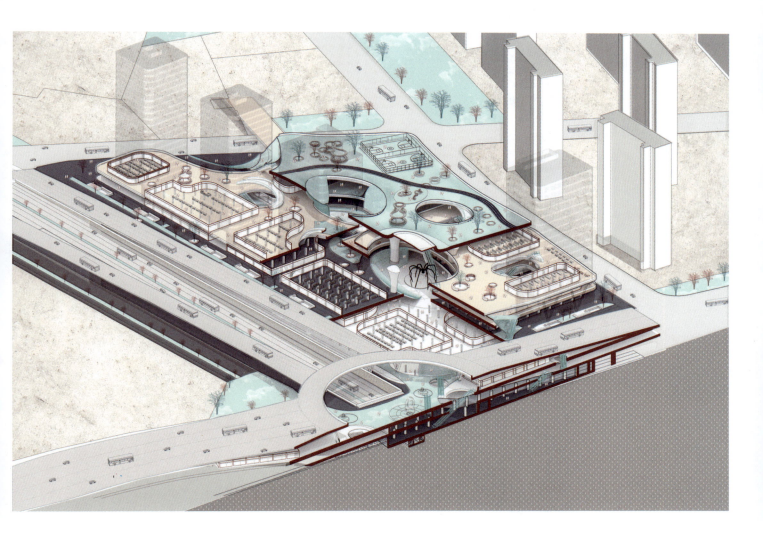

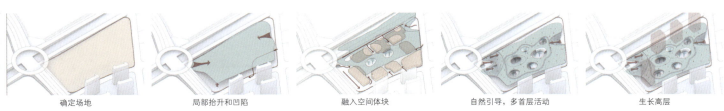

确定场地　　　局部抬升和凹陷　　　融入空间体块　　　自然引导，多首层活动　　　生长高层

143

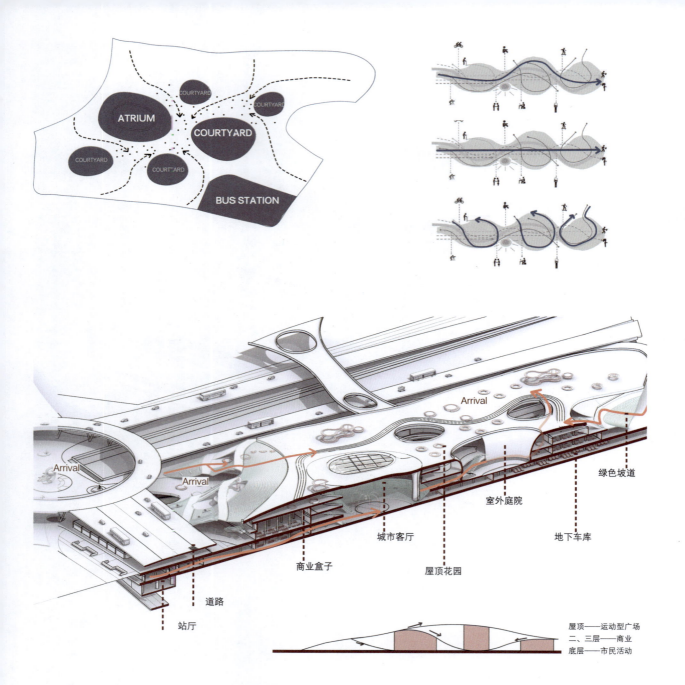

1. 消解廊道，整体有机，图底转换（减法操作），自然形成遮蔽空间，创造自由慢行。
2. 底层共享，为周边市民提供公共性，开放共融，从人的角度出发，创造更多自由相遇的可能性，形成空间中的交融。
3. 地景化式景观，用坡道连接，地面自然延续，让人们愿意接近，不知不觉地到达。
4. 自然与室外融合，生态、绿化、光线创造更舒适的慢行体验，让目的性人流转化为无目的性人流。

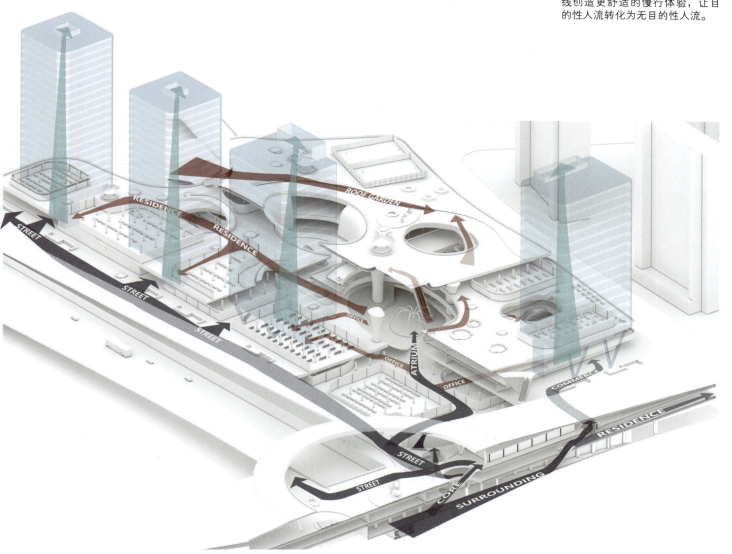

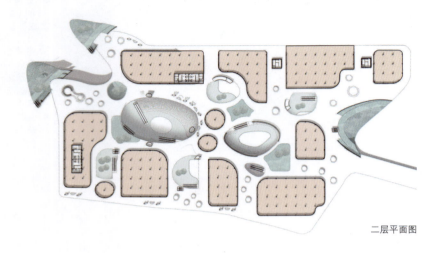

二层平面图

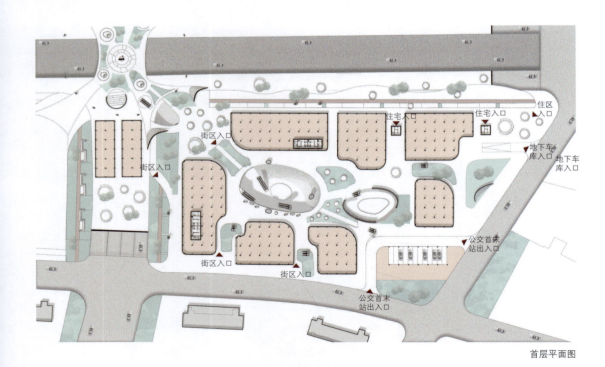

首层平面图

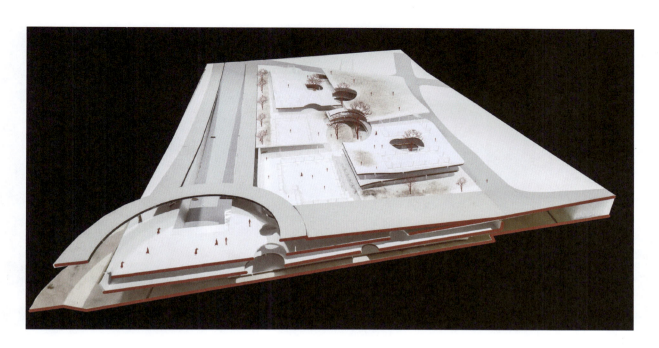
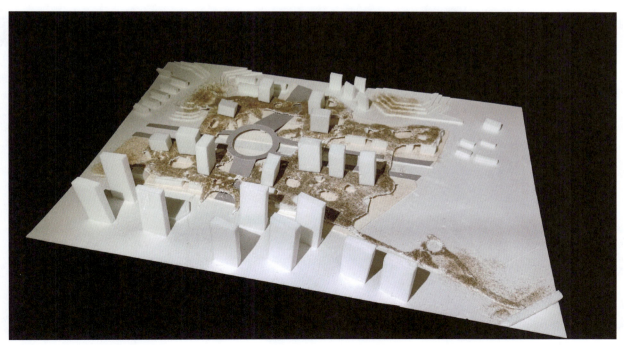

每个地块分别设置城市慢行核心，并承担不同的功能类型，结合地铁站点出入口，形成联系地上、地下的开放式城市客厅。

人们可以像穿越公园一样购物、办公、回家，形成一种不知不觉的愉快的体验。公园是一种多功能空间，市民可以在其中进行各种日常性活动。

City Transmission

Hui LI
Jiahui PAN

城市变速器

李　　惠
潘佳慧

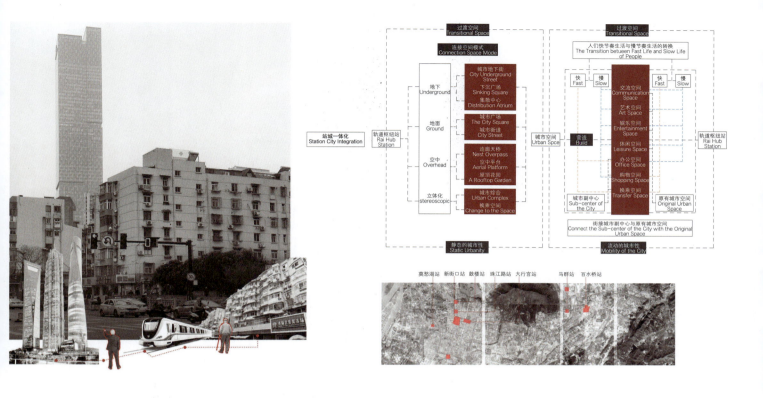

1. 问题与背景

在城市中，我们经常会看到这样的场景：老旧住宅区旁矗立着城市中心区的超高层建筑，而城市中心区往往与轨道交通站点有着紧密的联系，这反映出居民慢节奏生活圈与快节奏生活圈的直接碰触与生硬衔接。

在比传统城市大得多的空间范围内，城市区域和功能逐渐呈现出分化的状态，特别是城市中新的功能和区域的出现无疑会对原有城市空间和环境的造成巨大影响和冲击。

因此，随着城市的发展与近郊区域的加速建设，我们不禁思考，当一个新的轨道交通站点进入城市的近郊区域，应以何种姿态存在，如何能在与原有城市空间协调的同时又体现出其自身的意义，如何能尊重原有居民的生活行为又能为其提供便利和更加多样性的服务。

本次设计的场地位于南京的近郊区域百水桥站，场地本身处于麒麟居住片区内，周边有大量的居住区，因此人们的行为模式大多以慢节奏生活为主。对城市空间本身而言，TOD 促发新的城市空间的诞生，这可以视为一种城市更新。因此如何衔接新产生的城市空间与原有城市空间，同时完成快节奏的核心圈与慢节奏的生活圈这两种不同生活模式的过渡成为我们本次设计的主要出发点。

2. 未来愿景

我们希望市郊 TOD 模式，能够创造一种过渡空间衔接城市副中心与原有城市空间的模式，同时实现人们生活节奏的转换，既体现城市形象又与原有城市环境协调，既满足城市原有居民的生活需求又提供了更多行为的可能性。

因此提出城市变速器的概念，一方面希望转变和缝合城市中分化的空间和功能；另一方面，城市人的生活需要在快节奏和慢节奏之间转换，人的行为目的性和通行效率需求也在实时变化，而城市变速器的意义就在于在尊重原有居民生活模式的前提下为其提供更加便利的服务，灵活满足人不同的行为需求，实现高效的转换。

人群行为的变速器

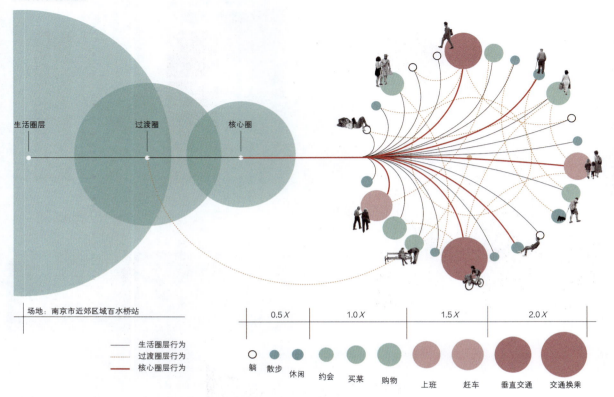

场地：南京市近郊区域百水桥站

—— 生活圈层行为
······ 过渡圈层行为
—— 核心圈层行为

| 0.5 X | 1.0 X | 1.5 X | 2.0 X |

躺　散步　休闲　约会　买菜　购物　上班　赶车　垂直交通　交通换乘

城市空间的变速器

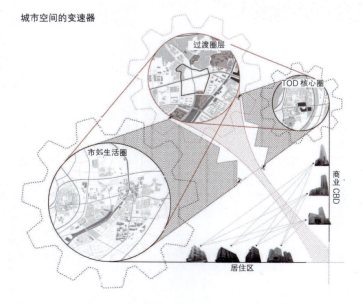

3. 概念分析

依据人的行为目的将人的行为分为四个不同的倍速，0.5 X 代表最无目的性的行为，例如休闲、散步等等，生活节奏最慢；1.0 X 代表人们日常生活的行为，包括约会、娱乐、购物等，具有一定的目的性，但是无明确目的地；1.5 X 代表有明确目的性，例如上班、赶车等行为，人流速度较快；2.0 X 代表交通换乘、垂直交通等效率较高的行为，具有明确的目的性。

在城市空间结构中，代表快节奏的城市中心区与以居住职能为主的城市近郊区域存在割裂的现象，因此我们希望轨道交通站点以及周边区域可以将以上两种城市空间衔接，作为城市空间的变速器。

4. 场地分析

场地周边另外存在马群站核心区、北湾营站核心区、麒麟镇站核心区、金马路站核心区四个轨道交通站点，其规模较为均衡，百水桥站位于四个站点范围的核心区域，因此作为南京近郊的门户站，具有更加重要的意义，同时考虑与周边其他站点的联动效应。

场地周边主要以居住区为主，应更充分地考虑对于周边居民的社区服务功能。

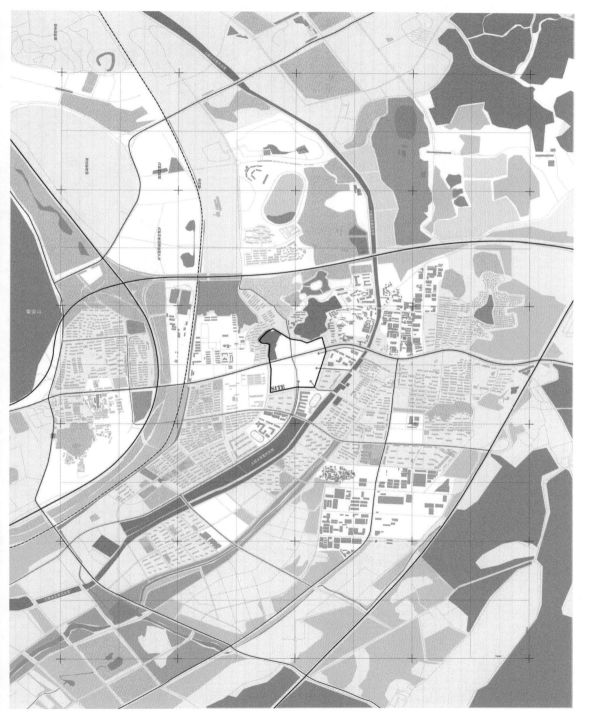

	公园绿地
	生态保育绿地
	防护绿地
	耕地
	百里风光带
	水

场地右边有重要的百里风光景观带，且背面有山地等自然景观，设计时应充分考虑周边景观。另外，整体城市设计应向北侧打开，形成景观视廊，建筑天际线由南向北逐渐降低。

5. 站点定位

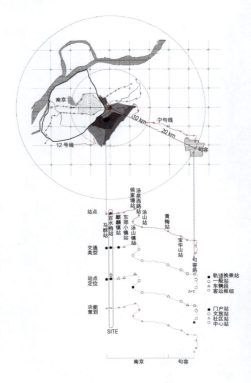

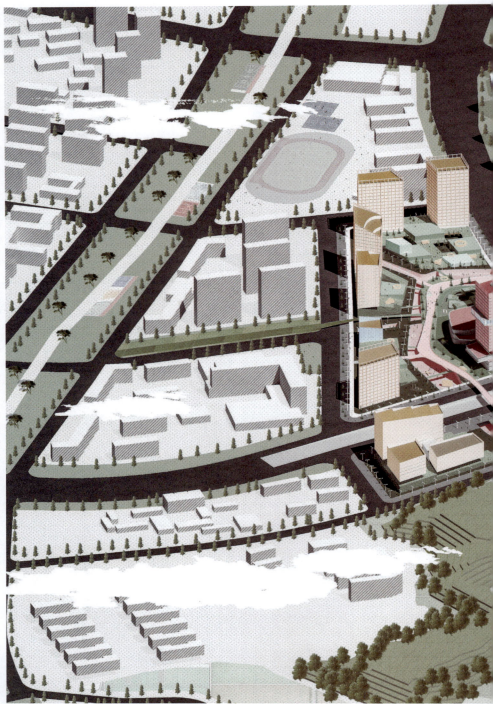

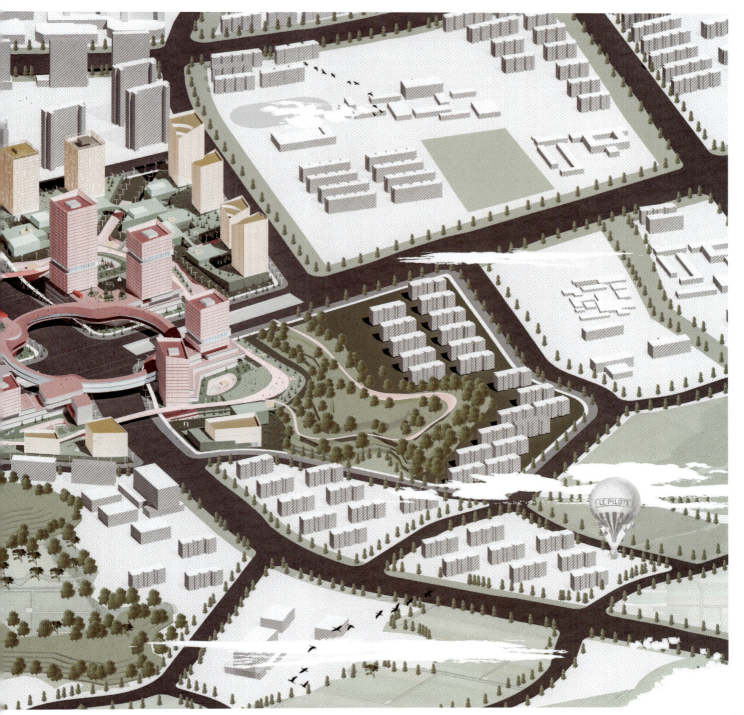

1	地下停车场入口
2	地下停车场出口
3	公交始末站
4	地铁出入口
5	下沉广场
6	滑板公园
7	艺术中心

总平面图

规划结构分析

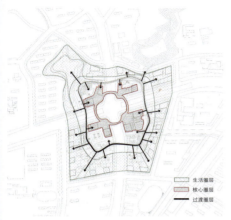

立体绿廊过渡空间衔接内环，与外环并互相渗透

道路系统分析

内环道路通行效率较高，外环则多为慢行步道

景观绿化分析

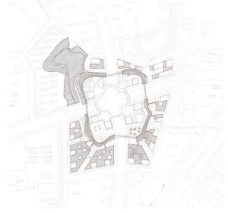

过渡圈层与外环多设置绿化，慢行与舒适的生活环境

建筑高度分析

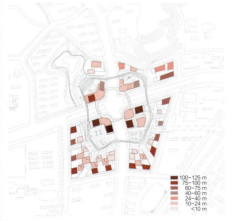

建筑高度内环最高、外环次之，并向景观侧逐渐降低

建筑功能分析

1. 酒店办公综合体
2. 商场
3. 剧场
4. 社区养老
5. 艺术中心
6. 社区图书馆
7. SOHO家居办公
8. 办公
9. 社区活动中心
10. 室外活动场 / 公交总站
11. 零售
12. 图书馆 / 培训中心
13. 公寓
14. 酒店
15. 创客空间
16. 菜市场

建筑功能外环多以居民服务型功能为主

地下开放空间分析

休闲绿廊过渡空间进行地上、地下一体化设计

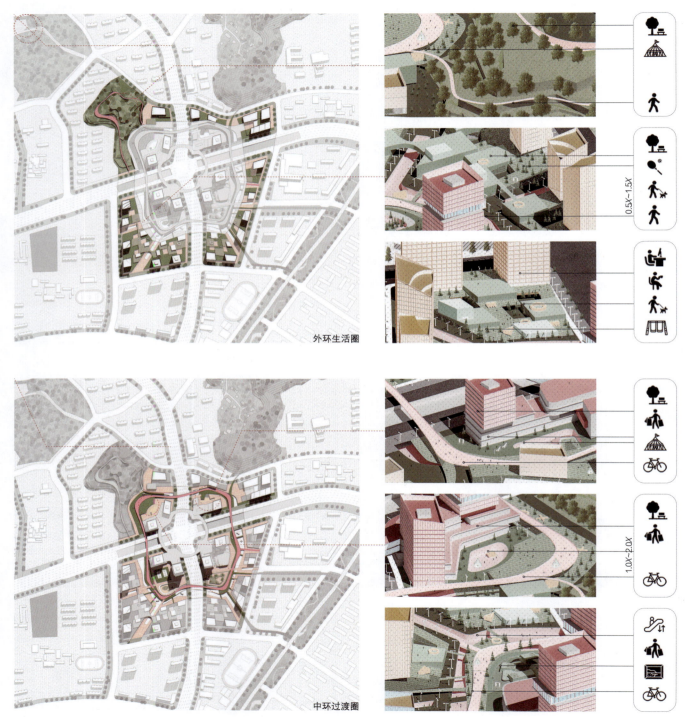

外环生活圈

中环过渡圈

外环生活圈

过渡圈地铁出入口

内环核心圈

A-A 剖轴测

功能混合度

内环核心圈

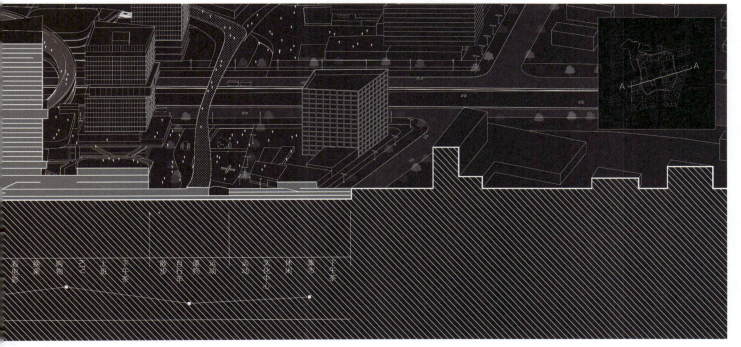

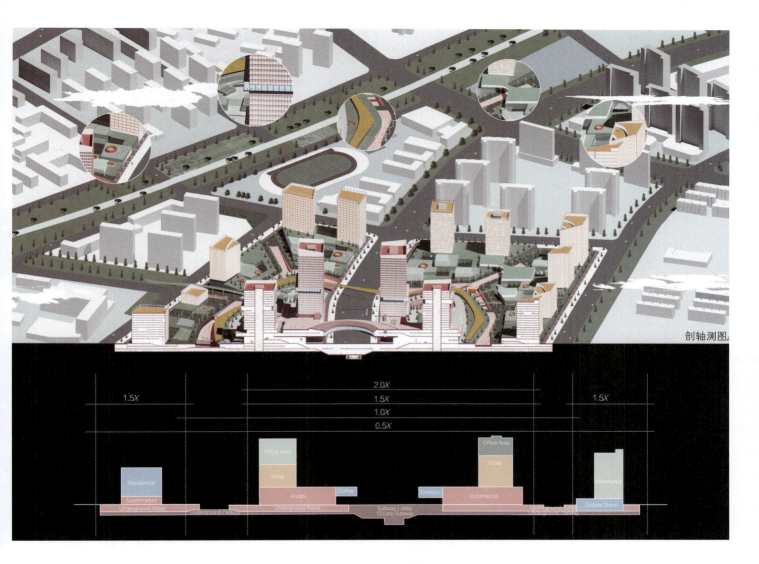

剖轴测图

内环核心圈层主要为交通换乘、办公等目的性较强的业态，还有商业、零售以及少量咖啡店、展览等让人们停留的空间，功能混合度最高；过渡圈层空间衔接内环与外环，并为人们进行不同的活动提供了更多选择；外环生活圈则主要为居住、文化展示中心、生活超市等日常生活服务型场所。人们的生活在快节奏和慢节奏之间转换，人的行为目的性和通行效率也在实时变化。

10 min Slow Track Circle

Xiaoyun LIU
Tongyao LIAO

10 min 轨道慢行圈

刘潇云
廖彤瑶

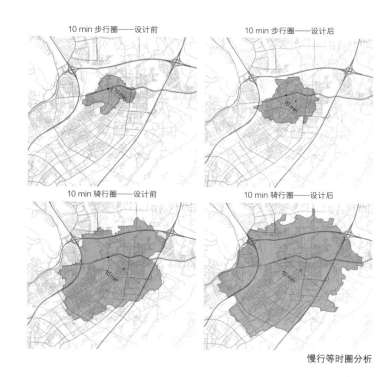

慢行等时圈分析

设计基于市郊地铁短途接驳系统较差的问题，通过构建以轨道交通站点为中心的 10 min 轨道慢行圈，呈现出"以轨道交通为骨干，以慢行交通为延伸"的城市绿色交通圈层，重构周边居民的出行生活方式，带动周边地块的开发。在轨道交通站点核心区重塑慢行系统，在辐射区进行微更新渐进式改造，带动地块周边的发展，扩大轨道交通站点的影响域范围。根据近郊人群的交通出行需求，将立体化、网格化的慢行路径与公共服务系统叠合，串联起不同功能的建筑组团，形成多路径的慢行出行方式，满足近郊居民 10 min 便捷舒适的生活出行体验。

1. 问题和背景

（1）城市问题

城市交通干道变得越来越宽，步行尺度严重失衡，机动车干道两侧的恶劣环境无法满足人们的连续步行需求，传统步行城市中充满活力并充当着社会融合场所的城市空间网络正逐渐消失，这种情况在近郊地区尤为严重。由于近郊地区与中心城区在土地利用、产业构成、人口密度和交通结构等多方面存在差异，近郊地区的轨道线路和站点密度更低，基于步行影响域的传统圈层式开发模式在近郊地区也明显粗放和乏力。本设计希望充分挖掘绿道的交通和绿色功能，将绿道融入市郊地铁 10 min 内的慢行生活圈中，以步行和骑行两种慢行方式构建慢行生活圈，通过慢行绿道体系加强轨道周边的联系，满足近郊居民便捷舒适的出行需求。

（2）场地问题

场地选址于百水桥站，属于近郊，是宁句城际线 S6 号线（站台地下 3 层）与地铁 12 号线（站台地下 4 层）的换乘站（站厅地下 2 层），位于宁杭高速公路与马高路交叉口，根据上位规划，百水桥站将成为未来城市东部门户节点。场地目前设施尚未完善，现有一条东西向的公交线路以及基地南侧的有轨电车。场地内公共交通的出行方式没有得到有效利用，人们的出行以私家车为主，少量使用共享单车或自行车等方式，并且缺少慢行环境的设计，街道空间索然无味。人们出行往往限于轨道交通站点与住宅之间，现有基地空间也降低了人们步行出行以及驻留活动的可能性，留给基地居民的只剩下车来车往的街道以及小小的家。

（3）需求问题

本设计力图以近郊区的轨道交通站点为中心构建 10 min 慢行生活圈，核心区重塑慢行生活圈，辐射区微更新慢行系统。同时根据近郊区不同类型人群的慢行速度和生活需求，设置不同类型和层高的慢行绿道，串联不同功能的建筑组团，满足人群以轨道交通站点为中心的 10 min 便捷舒适的出行需求和多样化的生活交流需求，为人们提供愿意主动出行并驻留的空间，提高公共交通和步行出行率。场地内各功能组团建筑由于慢行路径的经过、穿梭、环绕，使得建筑的开放性加大，同时建筑的形体、功能、空间也会产生变化，产生四种类型的换乘枢纽，提升交通方式的转换便捷性。

2. 问题分析

城市问题

机动车割裂城市空间

路网密度过低

步行空间过少

近郊问题

快速交通主导

轨道站点稀疏

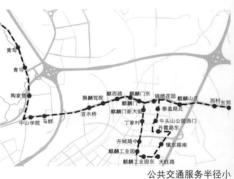
公共交通服务半径小

基地交通接驳问题

1. 候乘设施孤立简陋
The waiting facilities are isolated and rudimentary

2. 衔接空间品质低下
The quality of cohesion space is low

3. 单车存放利用不佳
Poor storage and utilization of bicycles

4. 衔接过程连续性差
Poor continuity of cohesion process

3. 人群活动时间规律

老年人 The elderly

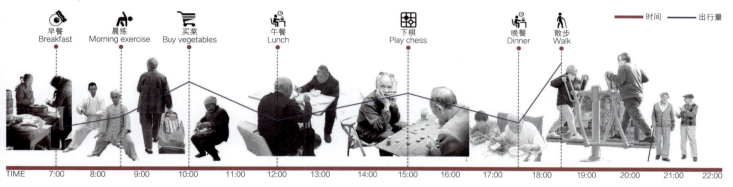

儿童 Child

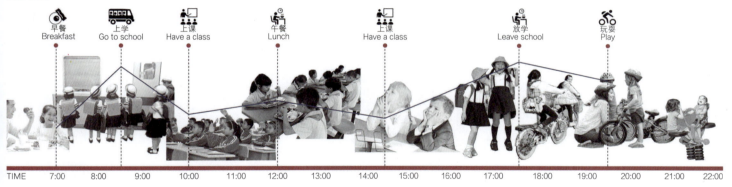

成年人 Adult

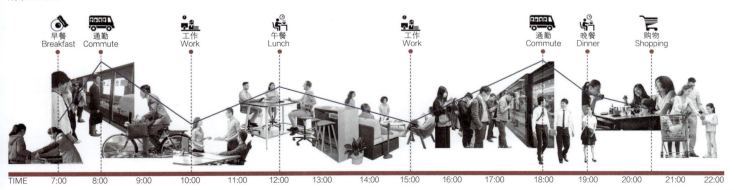

4. 概念生成

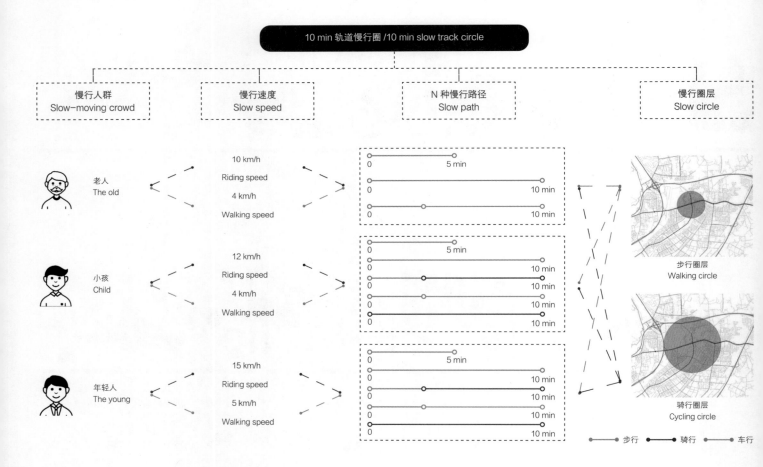

5. 设计策略

策略一
Strategy One

核心区重塑，辐射区微更新
The core area is reshaped,
the radiation area is slightly updated

策略二
Strategy Two

慢行系统构建，便捷高效出行
Slow system construction, convenient
and efficient travel

策略三
Strategy Three

建筑开放性增强，路径活力增加
Increased building openness and
increased path vitality

6. 概念模型

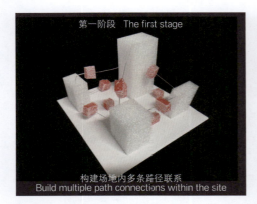

第一阶段 The first stage
构建场地内多条蹊径联系
Build multiple path connections within the site

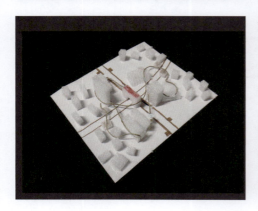

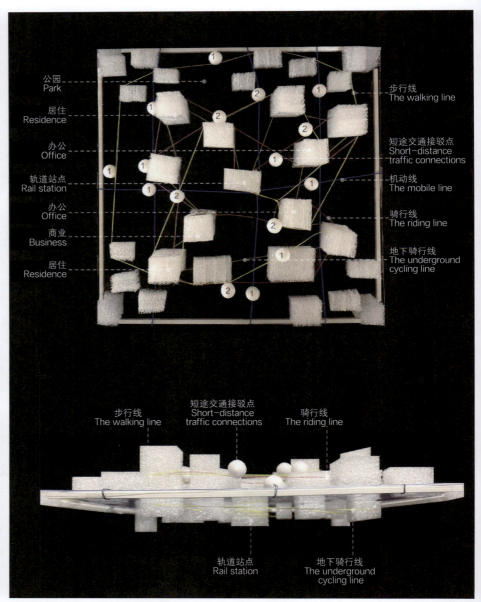

公园 Park
居住 Residence
办公 Office
轨道站点 Rail station
办公 Office
商业 Business
居住 Residence

步行线 The walking line
短途交通接驳点 Short-distance traffic connections
机动线 The mobile line
骑行线 The riding line
地下骑行线 The underground cycling line

步行线 The walking line
短途交通接驳点 Short-distance traffic connections
骑行线 The riding line
轨道站点 Rail station
地下骑行线 The underground cycling line

7. 实体模型

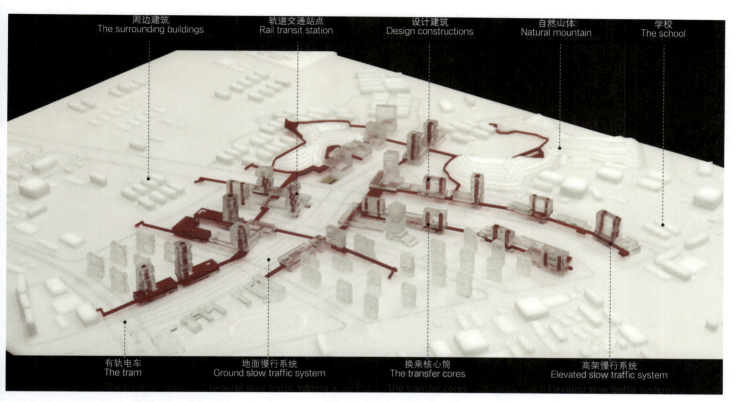

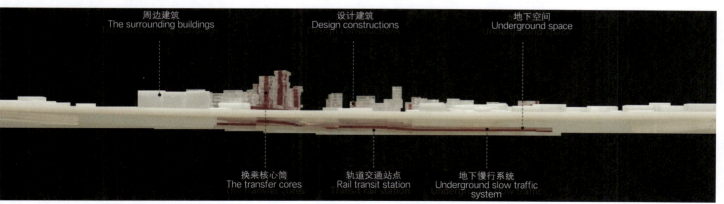

8. 慢行等时圈分析

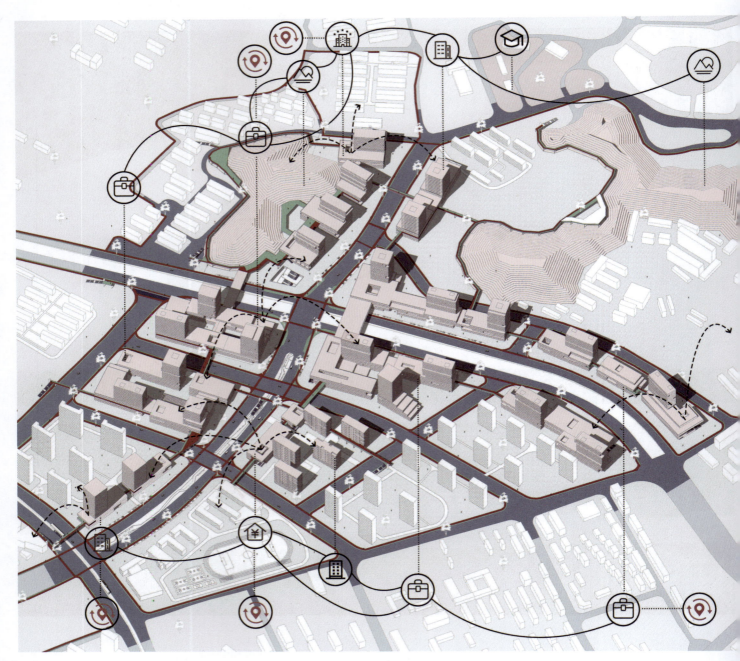

9. 慢行系统分析

设计圈层 Design circle

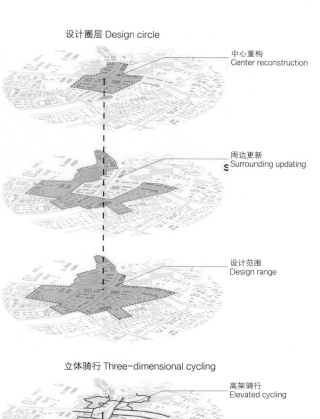

- 中心重构 Center reconstruction
- 周边更新 Surrounding updating
- 设计范围 Design range

立体步行 Three-dimensional walking

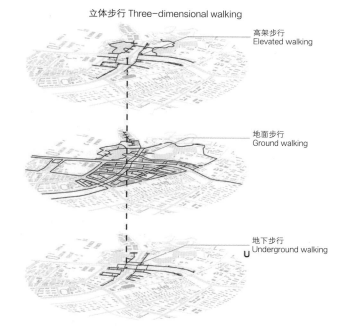

- 高架步行 Elevated walking
- 地面步行 Ground walking
- 地下步行 Underground walking

立体骑行 Three-dimensional cycling

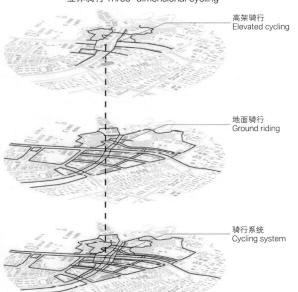

- 高架骑行 Elevated cycling
- 地面骑行 Ground riding
- 骑行系统 Cycling system

节点系统 Node system

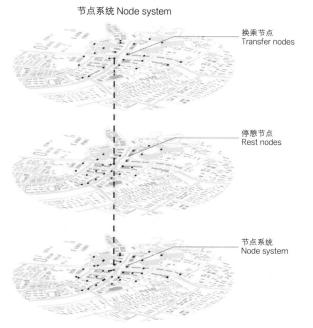

- 换乘节点 Transfer nodes
- 停憩节点 Rest nodes
- 节点系统 Node system

10. 路径一：慢行通勤

路径可能性综合分析 Comprehensive analysis of path possibilities

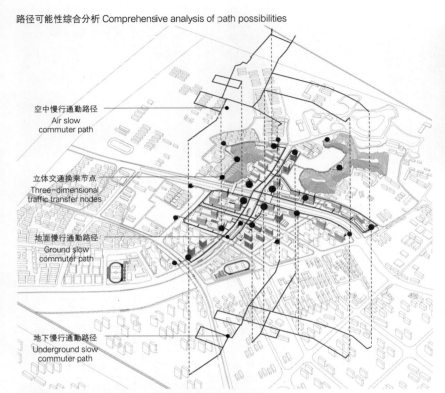

- 空中慢行通勤路径 Air slow commuter path
- 立体交通换乘节点 Three-dimensional traffic transfer nodes
- 地面慢行通勤路径 Ground slow commuter path
- 地下慢行通勤路径 Underground slow commuter path

单路径活动可能性分析 Single path activity possibilities analysis

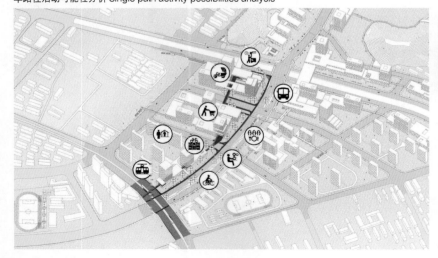

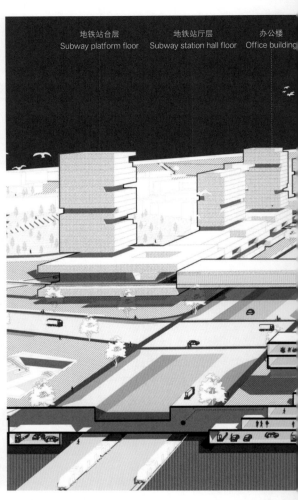

地铁站台层 Subway platform floor　　地铁站厅层 Subway station hall floor　　办公楼 Office building

小周：物业经理
年龄：26 岁
日常出行方式：骑行 + 地铁
出行路径：
距离：750~900 m
时间：3~4 min

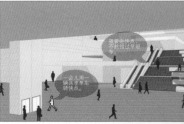

场景一：小周下地铁后，乘坐电梯到换乘平台

下穿道路	商业	空中绿道	地面绿道	开放式住区	地下车库	办公楼
Underpass	Business	Aerial greenway	Ground greenway	Open residential area	Underground garage	Office building

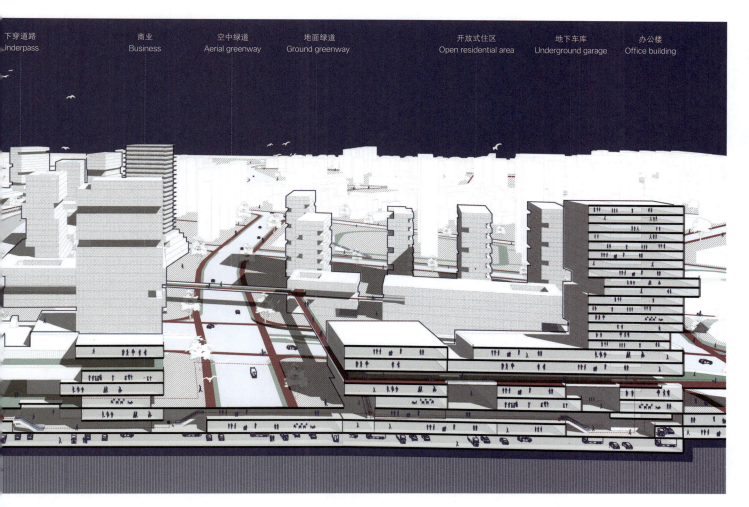

场景二：小周到达换乘平台，租赁单车骑行

场景三：小周中途买了早餐，再继续骑行

场景四：小周归还单车，换乘有轨电车去公司

11. 路径二：慢行生活

路径可能性综合分析 Comprehensive analysis of path possibilities

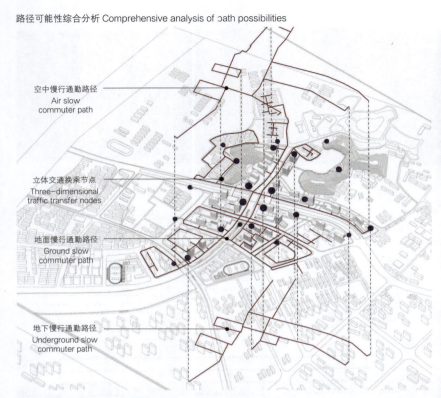

- 空中慢行通勤路径 Air slow commuter path
- 立体交通换乘节点 Three-dimensional traffic transfer nodes
- 地面慢行通勤路径 Ground slow commuter path
- 地下慢行通勤路径 Underground slow commuter path

单路径活动可能性分析 Single path activity possibilities analysis

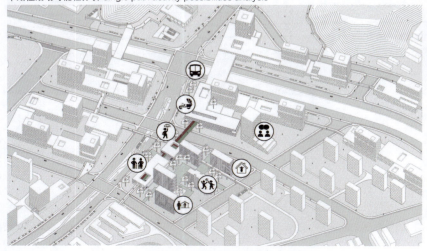

地铁站台层 Subway platform layer　地铁站厅层 Subway station hall floor　下穿道路 Underpass　办公楼 Office bui...

李奶奶：退休老人
年龄：67 岁
日常出行方式：步行 + 地铁
出行路径：

0   10 min

距离：500~600 m
时间：7~9 min

场景一：李奶奶从地铁站出来，步行回家

| 公寓 Apartment | 空中绿道 Sky greenway | 开放式住区 Open settlement | 地面绿道 Ground greenway | 商业 Business | 地下车库 Underground garage |

场景二：李奶奶从地面到空中绿道，散步回家

场景三：李奶奶从在空中绿道看车水马龙，人来人往

场景四：李奶奶回家路过社区中心，从三层的开放平台回到家中

12. 路径三：慢行游憩

路径可能性综合分析 Comprehensive analysis of path possibilities

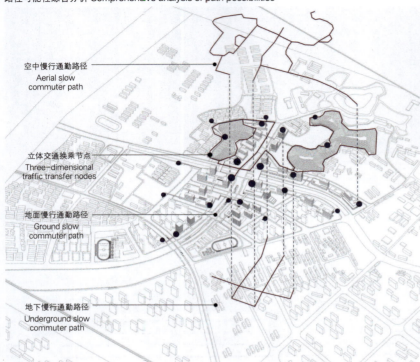

- 空中慢行通勤路径 Aerial slow commuter path
- 立体交通换乘节点 Three-dimensional traffic transfer nodes
- 地面慢行通勤路径 Ground slow commuter path
- 地下慢行通勤路径 Underground slow commuter path

单路径活动可能性分析 Single path activity possibilities analysis

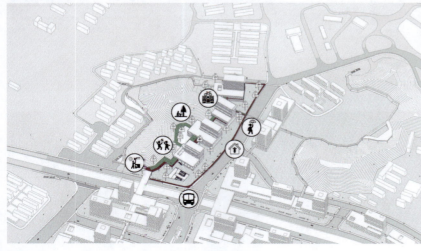

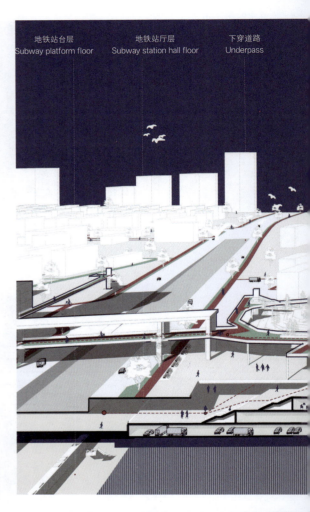

地铁站台层 Subway platform floor　　地铁站厅层 Subway station hall floor　　下穿道路 Underpass

小小张：小学生
年龄：10岁
日常出行方式：步行 + 地铁
出行路径：
0　　　　　10 min
距离：600~800 m
时间：8~10 min

场景一：周末，小小张和爸爸到百水桥站点附近的公园

| 管理区 itary management zone | 游憩绿道 Recreational greenway | 公园驿站 Park station | 度假酒店 Vacation hotel | 自然山体 Natural mountain | 地下车库 Underground garage | 商业 Business | 观景平台 Landscape platform |

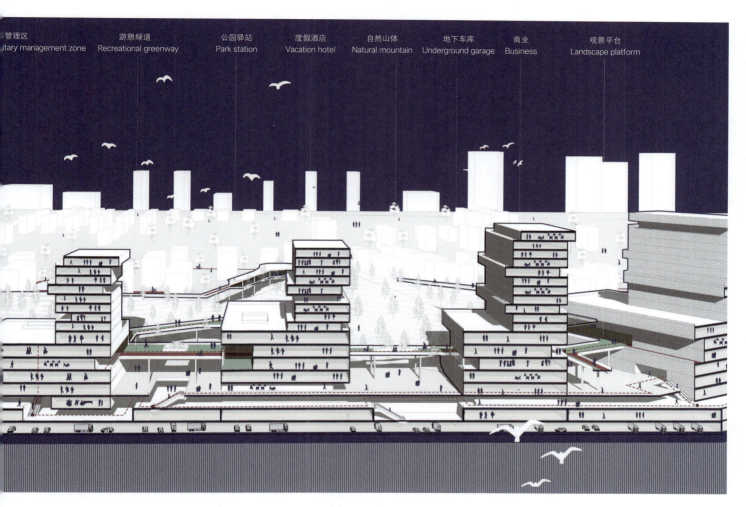

场景二：小小张和爸爸来到空中绿道游憩

场景三：小小张和爸爸打算去观景平台赏析风景

场景四：小小张和爸爸打算租赁单车环绕公园一圈

Suburb's Dispersion & Reconnection

Yang LUO
Zixin LUO

市郊"消融"

罗　洋
罗梓馨

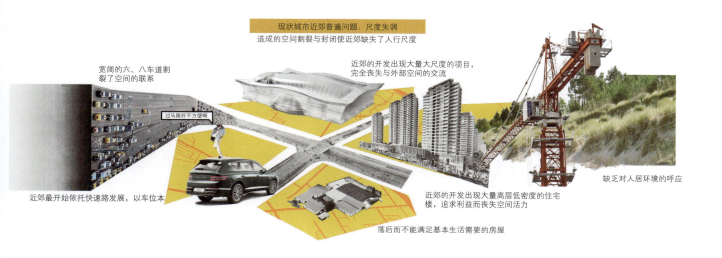

现状城市近郊普遍问题：尺度失调
造成的空间割裂与封闭使近郊缺失了人行尺度

宽阔的六、八车道割裂了空间的联系

近郊的开发出现大量大尺度的项目，完全丧失与外部空间的交流

过马路好不方便啊

近郊最开始依托快速路发展，以车位本

近郊的开发出现大量高层低密度的住宅楼，追求利益而丧失空间活力

落后而不能满足基本生活需要的房屋

缺乏对人居环境的呼应

在中国快速城市化的背景下，近郊建设出现了很多大尺度、大街区、宽马路的区域，马路割裂了街区，大体量的建筑完全突破人体舒适度感知。我们力图探索小街区设计与TOD模式结合的可能性，集合两者的共同优点，创造出通行快捷、密度高、尺度宜人、环境优美、行人相对安全的新型TOD中心区。以"密路网，小街区"的设计模式打破了传统大街区割裂、封闭的模式，具有尺度宜人、沿街面多、疏解交通等优点。

1. 问题和背景

（1）城市背景

回溯20世纪的功能主义城市规划，以勒·柯布西耶为代表的建筑师将城市按块划分，拓宽马路、修高架桥，将城市作为流水线来提高城市运行效率。今天中国的许多城市以这样的规划思想主导建设，致使城市干道越来越宽，城区尺度变得巨大，城市的机动车道路压缩了其他交通工具和人的行动空间，传统城市的活力随着网格化的交通体系而逐渐丧失。与之对抗的"新城市主义"等规划思想，则强调人群的聚集和活动，强调微观层面上的多样性。TOD的出现、自行车的回归与步行空间的重塑，正在共同塑造未来的城市活力。本文探讨的内容正是基于步行和骑行，寻找其与机动车共生且保持人群活力和良好体验的市郊TOD解决思路。

（2）场地现状

场地选址于百水桥站，属于近郊，是宁句城际线S6号线（站台地下3层）与地铁12号线（站台地下4层）的换乘站（站厅地下2层），位于宁杭高速公路与马高路交叉口处，根据上位规划，百水桥站将成为未来城市东部门户节点。宁杭公路呈东西向下穿，而未来地铁出入口却跨越宁杭公路南北，各地块之间的地下交通将出现非常复杂的立体关系。此外，宁杭公路道路宽，两侧没有划分自行车道，也没有预留足够的人行宽度，这样典型的近郊道路不仅割裂了各地块之间的联系，造成严重的尺度失调，更给步行者和骑行者带来糟糕的体验。百水桥站站点周边有良好的景观资源，西北角有夏家山，东侧有明城墙外郭，但景观资源比较分散且未得到良好利用，尚未形成体系。

（3）切入视角

国内外已经进行了很多小街区、密路网的实践，尤其是在地铁辐射圈进行规划设计，并实现了相当程度的步行体验改善。但大多数实践项目里只注重地面步行系统，对地上、地下一体化思考较少，没有形成立体网络。我们将从适宜步行体系的尺度研究出发，用立体的方式联系各个地块，并制定地块出让规则，使步行系统完整、可行。

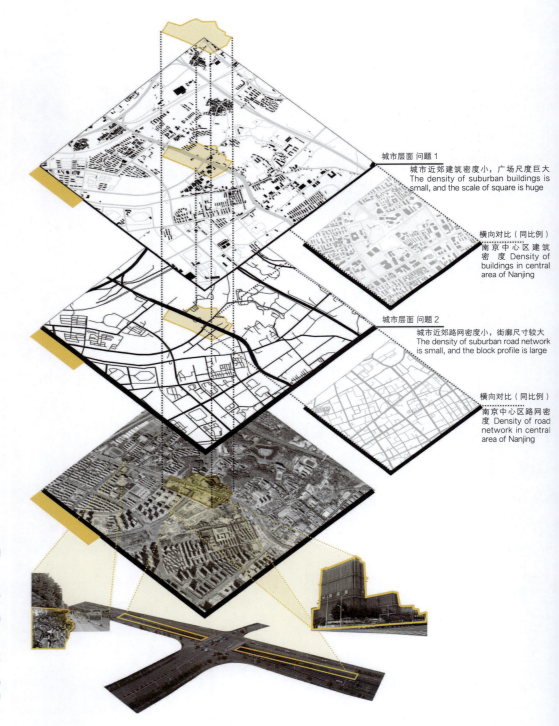

2. 基地场地分析

问题1：步行体系混乱，体验糟糕。
The walking system is chaotic and the experience is bad.

问题2：道路尺度巨大，且隧道阻断南北空间联系。
The road scale is huge, and the tunnel cuts off north-south space.

问题3：新建筑为高层低密度住宅区，空间体验差。
The new building is a high-rise low-density residential area with poor spatial experience.

3. 概念相关研究

（1）城市尺度、肌理对比

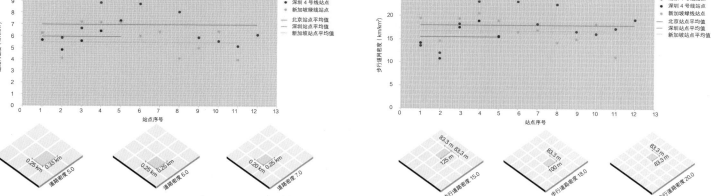

200 mm × 200 mm 网格

南京百水桥站开发强度低，空间尺度大

参考来源《世界建筑》

北京　巴塞罗那　波士顿　芝加哥　纽约　南京—百水桥

（2）确定街区尺度大小

针对设计：对于道路网密度，结合《城市道路交通规划设计规范》进行参照与预设。其中提出"200万人以上大城市 [5.4, 7.1]、200万人以下大城市 [5.4, 7.1]、中等城市 [5.2, 6.6]、5万人以上小城市 [6, 9]、1万~5万人大城市 [8, 11]、1万人以下 [11, 14]"的控制要求。

针对设计：对于步行道密度，在《城市步行和自行车交通系统规划设计导则》中，将步行分区划为三类，步行 I 类区、步行 II 类区、步行 III 类区。其中步行 I 类区指的是步行活动集中程度高的地区，包括轨道交通站点，导则中同时提出了步行 I 类区的步行道密度为 14~20 km/km²。结合研究取 15~20 km/km² 作为步行道密度的建议指标数值。

（3）确定建筑尺度大小

生活服务型站点

城市	人口密度（人/km²）	容积率
波士顿	4944	2.20
伦敦	10000	2.30
深圳	16060	2.92
新加坡	16830	3.17
香港	26299	8.32

参考文献：《基于经验数据集取的轨道交通一般站点用地指标量化研究——以合肥轨道4、5号线为例》

STEP1：用小尺度、多尺度策略去消解大尺度

1. 消解稀疏、宽阔的路网
Disperse the sparse wide road network.

2. 消解大尺度的地块
Disperse the large-scale block

3. 消解地块的单一功能
Disperse the single function of the block

4. 消解大体量的建筑物
Disperse the large-scale building

1. 形成密路网，增加人行空间
Form a dense road network to increase pedestrian space

2. 形成小街区空间模式
Form a spatial pattern of small blocks

3. 形成多功能复合街区
Form multi-functional compound blocks

4. 形成多尺度复合街区
Form a multi-scale block

小尺度开发模式
Small scale development mode

STEP2：立体化开发

地铁引入

TOD 模式引入

打破传统开发模式的地上开发
Break the traditional development model of above-ground development

打破传统开发模式的首层概念
Break the traditional development model of the concept of the first layer

开发地下空间
Develop underground space

创造更加自由的建筑"首层"
Creat a more liberal building of "the first floor"

小尺度×TOD开发模式
Small scale × TOD development mode

4. 概念分析

本设计主要从两个层面来考虑：

1）适宜尺度。雅各布斯在《美国大城市的死与生》中提倡保持小尺度的街区，新城市主义运动同样主张以紧凑的具有城镇生活氛围的社区取代郊区蔓延的发展模式，创造和重建丰富多样的适于步行的紧凑的混合使用的社区。我们针对近郊大尺度问题，提出用小尺度、多尺度的策略去消解大尺度空间，塑造近郊亲人尺度空间。一方面，增加道路网密度，控制建筑形态尤其是沿街面高度，形成适宜步行和骑行的尺度；另一方面，根据周边景观资源分析视线关系，根据功能业态控制尺度大小，根据与交通枢纽的距离等控制尺度变化等，营造多样化的街区空间。

2）立体开发。传统 TOD 开发多注重地面及以上的空间步行系统的完整性，各个地块的地下空间开发分裂且不成体系。我们提出立体化开发和多首层的思路，形成地上、地下联动的小尺度 ×TOD 的地块开发模式。公共空间体系不再仅局限于地面，而是形成地下、地上、空中的完整的步行网络，使行人的步行体验更加流畅。商铺的沿街面不再仅仅定义为地面层的沿街长度，由于立体网络的实现，"沿街"面大大增加，各层能够对应通勤、居住、娱乐等不同类型的人群，设定不同的业态，从而提升街区活力。

5. 形态生成分析

通过对地块进行分块、分类，不同地块采用不同的开发强度策略，同时遵循共同的街道设计原则，实现多尺度、立体街区的开发模式。

地块与地块之间须预留接口作为连接，保证地下步行系统流畅；三层到最低层根据地块特征，每层保证一定的绿化率；可通过底层架空、建筑退让等方式保证各层的公共空间比率；根据业态功能和定位需求可整体出让 1~3 个地块，但须保证公共道路和步行系统顺利通行；土地混合开发，确保一定的功能混合比率；沿外部道路的地块较内部地块的建筑容积率更高，同时地铁出入口设置在内部地块；北侧地块建筑高度低于南侧地块，以适应景观视线和光照需求。

由于此区域地面标高南低北高且道路下穿，各个交通体系之间呈现出了复杂的立体关系。

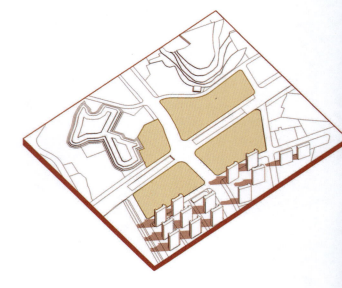

基地现状

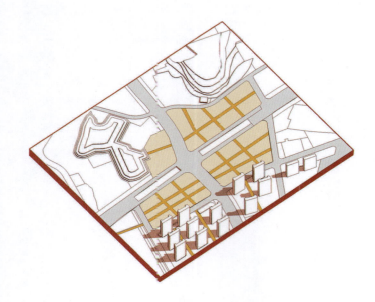

STEP 3: 地块中心区域用作公共空间，结合地铁联系各个地块以及南北空间

STEP 4: 为减少大尺度道路带给出站人的消极感受，将高楼设置在外围空间，同时辅以板状建筑塑造小街区围合

STEP 1: 划分路网，划分地块，形成小街区、密路网形式

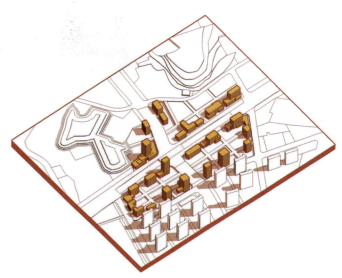

STEP 2: 地块升降基地现状，与地铁与山体联系起来

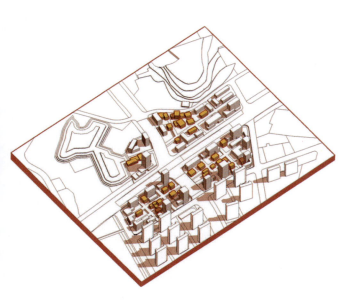

STEP 5: 在南侧中心带，北侧靠山体部分设置小体量的建筑，形成小尺度休闲空间

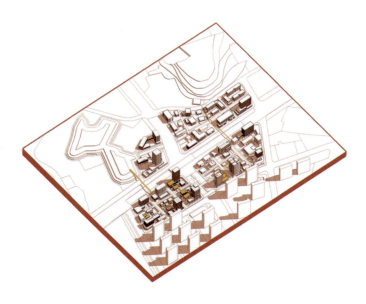

STEP 6: 设置地块联系廊道，形成地上、地面、地下相互联动

地块开发模式

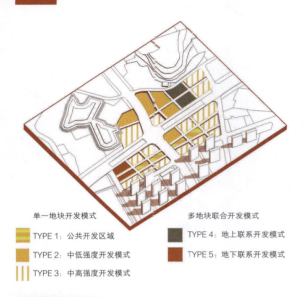

单一地块开发模式

多地块联合开发模式

- TYPE 1：公共开发区域
- TYPE 2：中低强度开发模式
- TYPE 3：中高强度开发模式
- TYPE 4：地上联系开发模式
- TYPE 5：地下联系开发模式

TYPE 1:
单一地块开发模式——公共开发区域

建筑密度、建筑体量最小，作为公共活动广场部分，串联各个地块，引导地铁出站。

TYPE 2:
单一地块开发模式：中低强度开发模式

建筑层数较低，建筑体量较小，地下空间开发适度减少，尺度宜人。

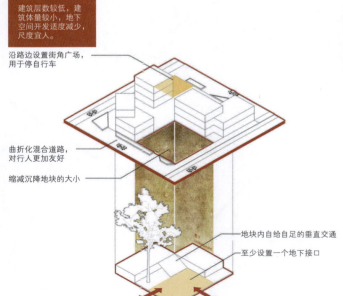

- 沿路边设置街角广场，用于停自行车
- 曲折化混合道路，对行人更加友好
- 缩减沉降地块的大小
- 地块内自给自足的垂直交通
- 至少设置一个地下接口

TYPE 3:
单一地块开发模式：中高强度开发模式

开发强度较大，多种尺度空间复合，满足TOD高强度开发的特点。

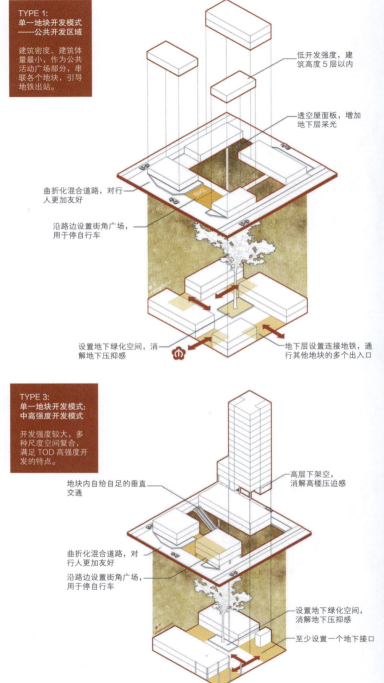

- 低开发强度，建筑高度5层以内
- 透空屋面板，增加地下层采光
- 曲折化混合道路，对行人更加友好
- 沿路边设置街角广场，用于停自行车
- 设置地下绿化空间，消解地下压抑感
- 地下层设置连接地铁，通行其他地块的多个出入口
- 地块内自给自足的垂直交通
- 高层下架空，消解高楼压迫感
- 曲折化混合道路，对行人更加友好
- 沿路边设置街角广场，用于停自行车
- 设置地下绿化空间，消解地下压抑感
- 至少设置一个地下接口

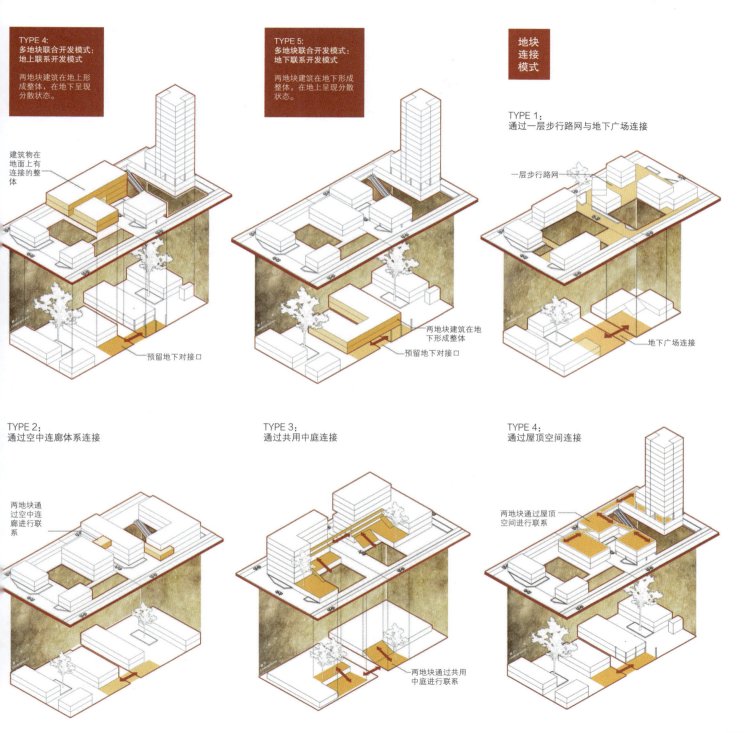

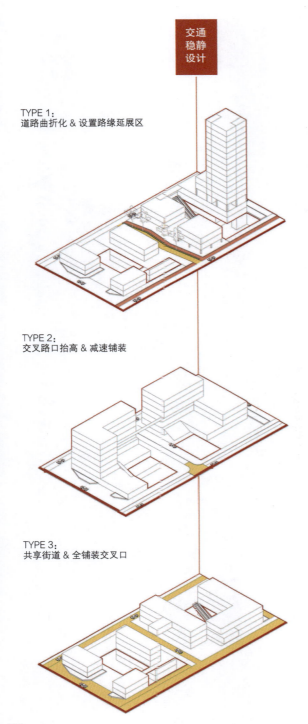

交通稳静设计

TYPE 1:
道路曲折化 & 设置路缘延展区

TYPE 2:
交叉路口抬高 & 减速铺装

TYPE 3:
共享街道 & 全铺装交叉口

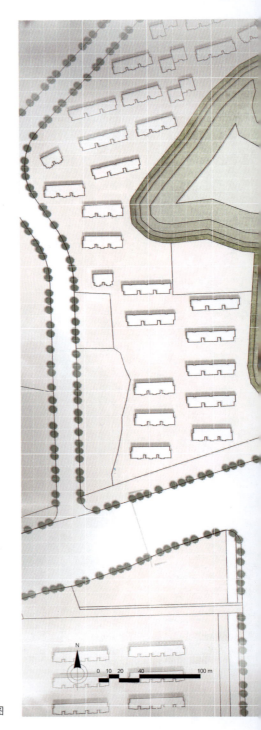

总平面图

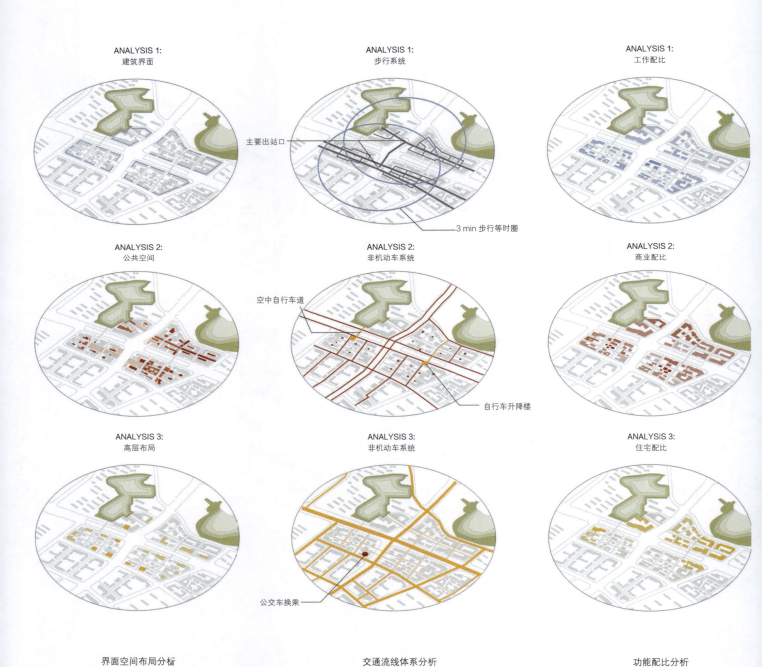

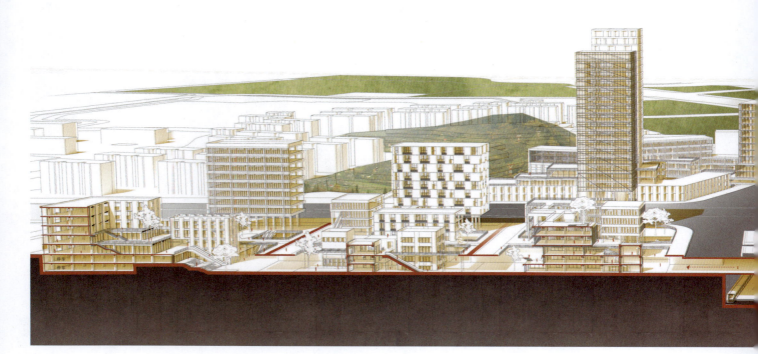

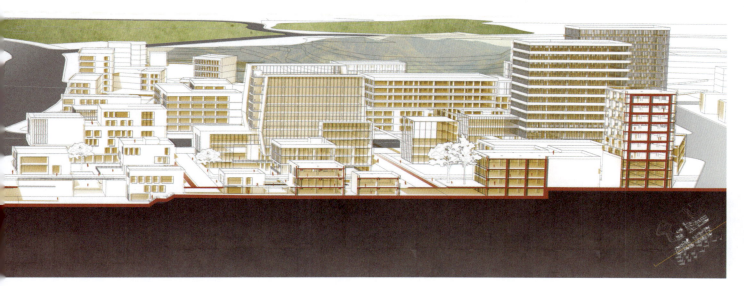

Community in TOD

Zeru FANG
Yiming XIAO

社区 TOD

方泽儒
肖一鸣

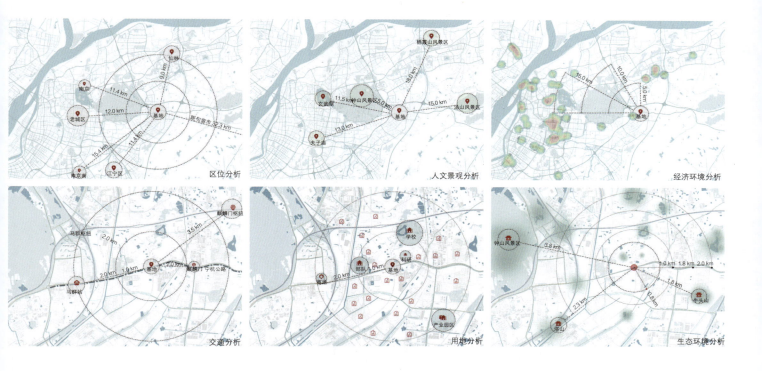

本方案探讨TOD新城市主义下的未来住区模式，在当下地铁快速发展的促动下，TOD住区在中国会是更加普遍的一种住区模式。尽管有日本的经验在前，但由于国内外制度的不同，居住区如何与城市结合、与TOD结合仍然是一个很大的课题。我们在方案中试图通过住区的三个特点，即开放、混合、层级变化来实现TOD住区的一种全新的居住模式。

1. 问题和背景

（1）市郊站点问题

目前中国城市的很多轨道交通站点由于资金、设计等种种因素的限制并没有很好的品质，这表现在轨道交通站点仅仅起到交通枢纽的作用，没有认识到或没有条件去形成如公共、商业、置入的自然空间等更加有效益的空间。反观城市中心的大型地铁站点则因为资金充足，形成了良好的商业、办公、住宅开发模式。

（2）场地问题

从宏观的条件看，场地位于马群枢纽站与汤山站之间，周边资源并不足以吸引城市人流，规划上周边也以住区为主。因此，我们认为这里未来会是一个相对内向的站点。具体来看，场地中有下穿快速路、小丘、住区、学校和军区，是一个问题与机会并存的基地，这也成为我们研究设计开始的基础。

（3）居住问题

近郊居住模式在近几年来并没有太大的改变，仍然采用封闭管理的大街区形式。这种大面域的封闭代表着城市被割裂成了一个个片段，是造成当今城市公共活力欠缺的一个重要原因。从历史发展来看，一定的开放会给街区带来很大的活跃因素，我们的目的就是通过空间、策略上的操作去开发一种新的居住模式。

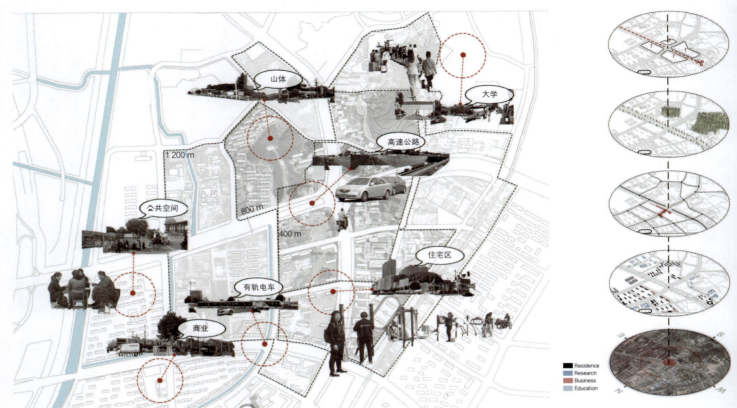

场地现状分析　　　　　　　场地条件分析

2. 场地现状

1）场地1 000 m辐射范围内的现状：周边人群丰富，人群类型包括学生、老年居民、年轻租客、军人等。目前，人群活动集中在各自领域内的公共空间内，没有支撑整片地区的活动空间与事件存在。道路造成的场地割裂严重，东西向快速路下穿，且车流量巨大，没有建立人行系统。交通仅有部分公共交通可达，非常不便。景观资源丰富，基地东北、西北向有两座天然小丘，可以加以利用。基地西侧有白水河流过，沿河部分进行了景观设计，环境优美。

2）场地问题：地块因宁杭公路下穿而分为南北两部分，用地割裂；场地人群丰富，缺乏集体性公共空间；地块被城市快速路穿过，两侧步行空间缺失，没有建立步行体系；位于近郊，片区存在一些自然山体，景观良好，但是未成体系。

3）近郊住区轨道交通站点的缺陷：缺少社交、活动的公共空间；缺少区域性的事件，没有形成中心性和归属感；与自然没有产生关系，需要与社区结合更加紧密的公共空间。

4）近郊居住区的缺陷：社区管理封闭，导致各自为政，社区之间没有交往；配套设施仅在社区内使用；与城市之间的层级过多，需要能够增加社区交往、形成公共性事件的载体。

市郊站点和居住区现状

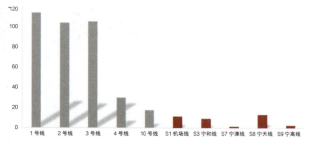

城郊线人流量：2万~3万人/d

马群街道定位：保障房小区
百水桥附近常住人口约2万~3万

南京地铁流量分析

3. 社区型TOD定位

马群街道隶属于南京市栖霞区，位于栖霞区南部，紫金山东麓，因明朝时朱元璋在此设置养马场而得名。马群街道东部与仙林大学城和江宁区相邻，其他三面环接玄武区。马群街道总面积17.8 km²，常住人口10万人，下辖15个社区，是南京市保障房小区的主要集聚地之一。百水桥站附近社区包括百水家园（中低价商品房）、百水芊城（经济适用房）、芝嘉花园社区（村居合一型社区）、百水保障房（在建），常住人口为2万~3万。马群街道东面紧邻的麒麟街道是高新科技创业园。

从上述条件来看，我们认为无论是过去还是未来一段时间内，站点周边都主要定位为保障房小区，因此我们选择做一个社区型的TOD。

4. 基础理论：邻里单位理论

有一个适当的住区规模，这个住区的大小刚好可以保障学龄儿童上学不必穿越城市道路；有一个适当的住区人数，一个理想住区的居民人数为5 000~6 000人；有一个开放的住区空间，这个开放的住区空间可以是中央公共广场，也可以由绿地设置的小学构成。有一个住区中心，这个中心集中设置教堂、商店、公共活动中心和图书馆。

一个邻里单元恰当的规模应该在400 m（约5 min）的步行距离范围以内。这个"400 m的步行距离"概念被作为日常活动的步行距离。特殊情况下，城市居民可以接受步行约800 m的距离到城市轨道交通站点、特色商品商店以及城市公共建筑。

步行与非机动车体系
图片来源：《城市社区 TOD 导则》

站点到家的实际距离
图片来源：《城市社区 TOD 导则》

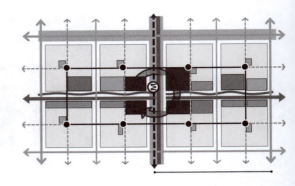

均质的社区模式

在一个完整的邻里单位内，人们不用穿过城市道路，通过步行就可以完成基本的日常生活需要。

《城市社区 TOD 导则》一书提到，为实现跨邻里的交互，建议每 500 m 设置一个公共交通系统，并建立覆盖社区的非机动车网络体系。

为建立跨邻里系统，可将社区生活中心（TOD 站点）设置在 1 200 m 步行的距离，这构成我们构建的 TOD 模式的基础。

5.TOD 社区模式

我们的社区模式根据前面的理论基础而来：首先以 TOD 站点为核心根据实际交通距离将社区划分为三个层级：400 m、800 m 和 1200 m。其中，1 200 m 的范围是在步行最大距离的基础上增加非机动车和辅助步行系统形成的。在此基础上叠加原来研究者的单层级、均质的社区模式，从而形成了多层级、具有差异性的 TOD 社区模式。在这个模式下，人们可以在 10 min 内从站点回到家中。这种覆盖 1 200 m 的社区通过轨道交通、公交巴士等方式可以覆盖市郊 TOD 的全部范围，是一种可复制的模式。研究后认为，这种 TOD 社区模式具有三个特点：开放、混合、层级变化。

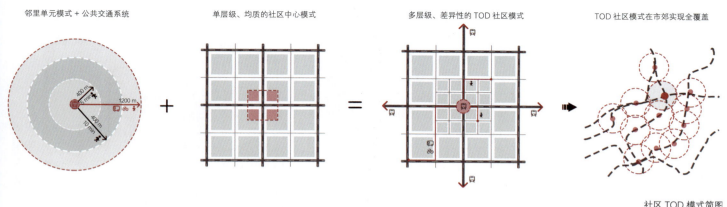

社区TOD模式简图

TOD社区特点：开放社区，封闭单元

（1）特点一：开放

2016年2月，我国正式发布《中共中央 国务院关于进一步加强城市规划建设管理工作的若干意见》，提出"新建住宅要推广街区制"，原有居住小区与单位大院要逐步打开，以期缓解区域交通拥堵、住区空间分异、城市"非均衡"发展等社会问题。2018年7月，住房和城乡建设部正式批准《城市居住区规划设计标准》（GB 50180—2018），将"居住街坊"作为构成城市住区的基本空间单元，以"推动发展更加开放便捷、尺度适宜、配套完善、邻里和谐的生活街区"。我们通过对历史上不同的居住模式的研究发现，富有活力的街区都是开放的模式。从上面的政策来看，这也是住区未来的发展方向。因此社区模式的第一个特点就是开放，将门禁打开，将单元楼封闭管理，减少居住空间与城市空间之间的层级，更好地和城市结合。

（2）特点二：混合

在TOD社区中，混合是一种基本的特点。我们的社区模式中的混合会是一种更加深入、更加多面的混合，包括了不同人群的混合、建筑功能的混

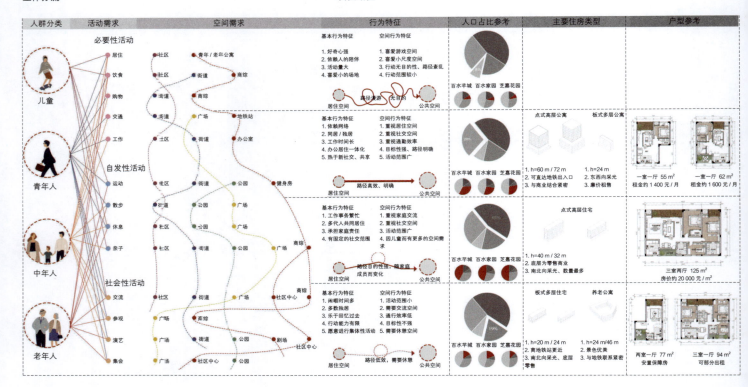

合、居住模式的混合、建筑形态的混合、水平与垂直共同混合等等。以人群的混合为例，人群混合是包括了不同职业、不同年龄的人，也包括地铁乘客与当地居民的一种混合，人群的混合是全方位的。

在混合的研究中，我们考虑到不同人群对不同场地的使用率不同、人群的数量构成不同、人群的活动特征不同以及人群的居住模式不同。

老年人是当地住区的第一大人群构成，由于身体不便、行动缓慢，老年人的活动区域会相对集中在社区内部，但是他们也需要到达一些热闹的活动场地进行休闲，在其外出的过程中因为腿脚不便，会在路径的节点上休息，因而老年人在外部使用场地的效率是相对均匀的。同时，在居住方面，老年人需要南向采光，但由于多为一两个人居住，不需要过大的户型，这也可以构成我们设计其住宅的一种依据。

年轻人在住区内多为租客，同时，他们的活动轨迹在节假日与平时会有明显的区分。年轻人的行动方式准确、高效，因此他们对空间的需求体现在站点空间、居住空间以及回家路径上。而因为其租客的身份，住宅形式、朝向等都会相对自由，可以考虑其与商场的结合、与TOD的结合等等。

公共空间与服务设施的层级

公共空间/服务设施	第一层级				第二层级				第三层级			
可能的形式												
量化的标准（公共空间）		面积/m²	尺寸/m	界面高宽比		面积/m²	尺寸/m	界面高宽比		面积/m²	尺寸/m	界面高宽比
	公共绿地	≥3 000			公共绿地	≥1 000			公共绿地	≥250		
	活动场地	≥5 000	≤70×70	≥1:5	活动场地	≤2 500	≤50×50	1:3~1:5	活动场地	≤625	≤25×25	≤1:3
量化的标准（服务设施）		类型	数量/个	等级		类型	数量/个	等级		类型	数量/个	等级
	商业	>8	>40	A（规模、辐射范围）	商业	>5	>20	B（规模、辐射范围）	商业	>2	>4	C（规模、辐射范围）
	文体	>8	>20	A（规模、辐射范围）	文体	>5	>10	B（规模、辐射范围）	文体	>2	>2	C（规模、辐射范围）
	教育	>6	>6	A（规模、辐射范围）	教育	>4	>6	A、B	教育	>1	>1	C（规模、辐射范围）
	医疗	>8	>8	A（规模、辐射范围）	医疗	>4	>4	B（规模、辐射范围）	医疗	>1	>1	C（规模、辐射范围）
	其他设施	>10	>30	A（规模、辐射范围）	其他设施	>6	>20	A、B	其他设施	>5	>10	B、C
图解形态												

中年人和儿童也会有各自的活动方式和空间需求，我们根据不同人群的需求对其进行一定的混合，这种混合具有适应性，不是强制、随意的混合。

（3）特点三：层级变化

在我们的研究中，对应 TOD 住区模式的最核心的特点是层级变化。层级变化主要体现在前两个特点开放和混合的变化。而针对其 400 m、800 m 和 1 200 m 的空间形态须给出具体的指标，我们选取了其中的一部分进行量化的研究。

地铁与社区接驳的层级

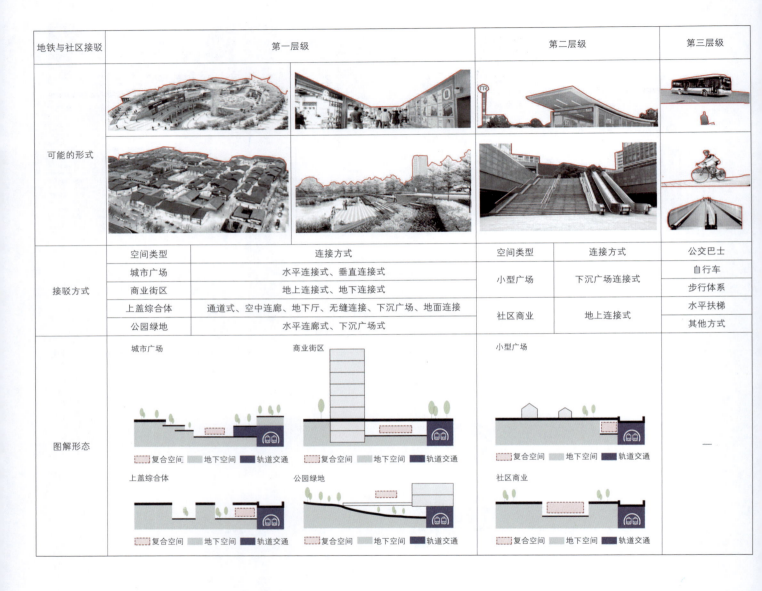

道路与交通方式的层级

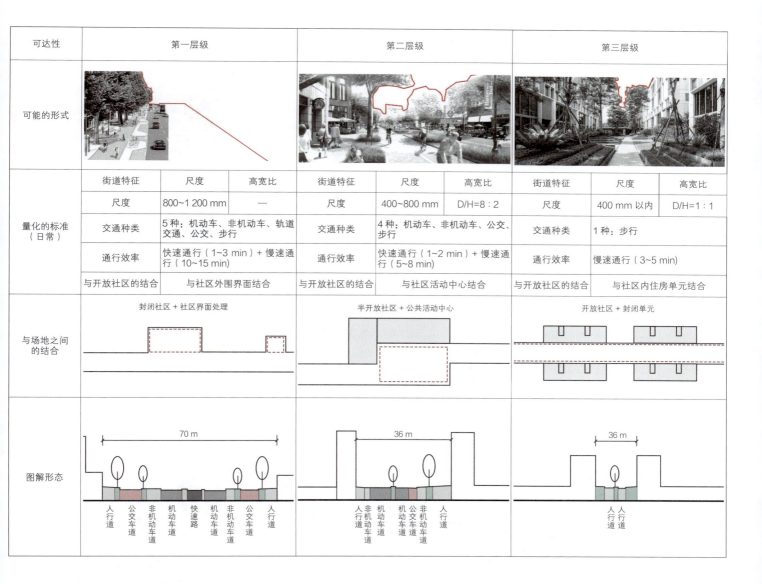

可达性	第一层级			第二层级			第三层级		
可能的形式									
量化的标准（日常）	街道特征	尺度	高宽比	街道特征	尺度	高宽比	街道特征	尺度	高宽比
	尺度	800~1 200 mm	—	尺度	400~800 mm	D/H=8:2	尺度	400 mm 以内	D/H=1:1
	交通种类	5种：机动车、非机动车、轨道交通、公交、步行		交通种类	4种：机动车、非机动车、公交、步行		交通种类	1种：步行	
	通行效率	快速通行（1~3 min）+ 慢速通行（10~15 min）		通行效率	快速通行（1~2 min）+ 慢速通行（5~8 min）		通行效率	慢速通行（3~5 min）	
	与开放社区的结合	与社区外围界面结合		与开放社区的结合	与社区活动中心结合		与开放社区的结合	与社区内住房单元结合	
与场地之间的结合	封闭社区 + 社区界面处理			半开放社区 + 公共活动中心			开放社区 + 封闭单元		
图解形态									

时效性与人群活动的层级

时效性/人的活动	第一层级			第二层级			第三层级		
可能的形式									
量化的标准（日常）	时间 人群类型 活动类型 活动数量 活动时长	6—10时 老年人、儿童 必要性、自发性活动 >5次 >3h	11—17时 青年人、中年人、儿童 必要性、自发性活动 >8次 >3h	17—23时 青年人、中年人、儿童 必要性、自发性、社会性活动 >10次 >4h	时间 人群类型 活动类型 活动数量 活动时长	6—10时 老年人、儿童 必要性、自发性、社会性活动 >5次 >2h	11—17时 老年人、中年人、儿童 必要性、自发性、社会性活动 >5次 >2h	17—23时 青年人、中年人、儿童 必要性、自发性、社会性活动 >8次 >2h	时间 人群类型 活动类型 活动数量 活动时长	6—10时 老年人、儿童 必要性、自发性活动 >3次 >2h	11—17时 老年人、儿童 必要性、自发性活动 >3次 >2h	17—23时 青年人、中年人、儿童 必要性、自发性、社会性活动 >5次 >1h
量化的标准（周末）	时间 人群类型 活动类型 活动数量 活动时长	6—10时 全年龄段人群 必要性、自发性、社会性活动 >8次 >3h	11—17时 全年龄段人群 必要性、自发性、社会性活动 >10次 >3h	17—23时 全年龄段人群 公共文化活动 >10次 >5h	时间 人群类型 活动类型 活动数量 活动时长	6—10时 全年龄段人群 必要性、自发性、社会性活动 >5次 >2h	11—17时 全年龄段人群 必要性、自发性、社会性活动 >5次 >2h	17—23时 青年人、中年人、儿童 必要性、自发性、社会性活动 >8次 >2h	时间 人群类型 活动类型 活动数量 活动时长	6—10时 老年人、儿童 必要性、自发性活动 >3次 >2h	11—17时 老年人、儿童 必要性、自发性活动 >3次 >2h	17—23时 青年人、中年人、儿童 必要性、自发性、社会性活动 >5次 >1h

活跃程度图示

图解形态：晨练、通勤、玩耍、晒太阳、餐饮、打牌、放学、正餐、广场舞、亲子活动

6:00　　12:00　　18:00　　24:00

环境景观质量的层级

环境质量	第一层级				第二层级				第三层级			
可能的形式												
量化的标准（日常）	绿化类型	种类/种	数量/个	等级	绿化类型	种类/种	数量/个	等级	绿化类型	种类/种	数量/个	等级
	大乔木	>10	>50	A（冠幅、高度、胸径）	大乔木	>5	>30	A、B	大乔木	>2	>10	B（冠幅、高度、胸径）
	小乔木	>15	>80	A（冠幅、高度、胸径）	小乔木	>5	>50	B（冠幅、高度、胸径）	小乔木	>2	>20	B（冠幅、高度、胸径）
	灌木	>5	—	A（冠幅、高度、面积）	灌木	>3	—	B（冠幅、高度、面积）	灌木	>1	—	C（冠幅、高度、面积）
	地被	>20	—	A（冠幅、高度、面积）	地被	>10	—	B（冠幅、高度、面积）	地被	>5	—	C（冠幅、高度、面积）
与场地之间的结合	与自然山体结合				与小型公园、水体结合				与住区小花园结合			
图解形态	多层级、大面积的绿化配置				多层级、中等面积的绿化配置				简单层级、小面积的绿化配置			

概念模型

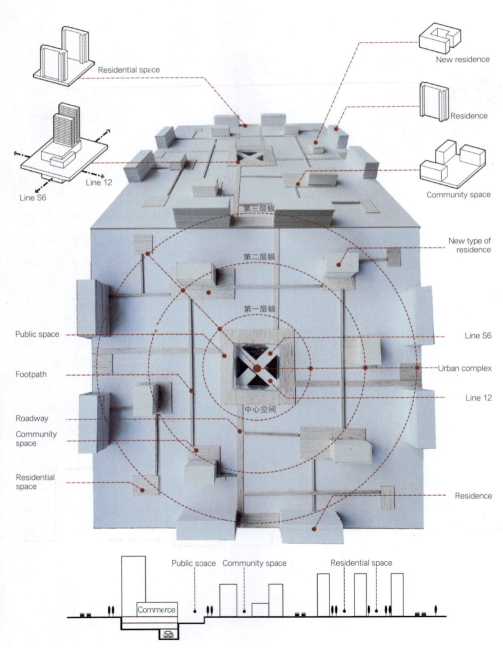

这个概念模型基本上对应着我们研究中的 TOD 社区模式。

最核心的部分是地铁站点,以它为核心大致分为三个圈层,纸片盒子代表的是混合、开放的 TOD 社区;板片房子代表的是普通的门禁社区;木板代表着公共空间系统。

我们的目标就是通过一整个社区系统的建立,建成具有开放、混合、层级变化的 TOD 住区。

总平面上主要表达功能和肌理的关系。在核心的四个地块设置了商场、高层办公楼、高层住宅、老年活动中心、社区活动中心、医院等等，这些功能的公共空间与地铁紧密相连，有多种接驳方式。

南部两个地块是 TOD 完全开放的住区部分，在这里设置了不同居住楼的混合，植入了垂直商业步行体系以及住区内的核心空间。

最南边的地块是 TOD 不完全开放的住区部分，在这里仅仅设置了点状的社区中心，但可以通过商业步行体系到达。

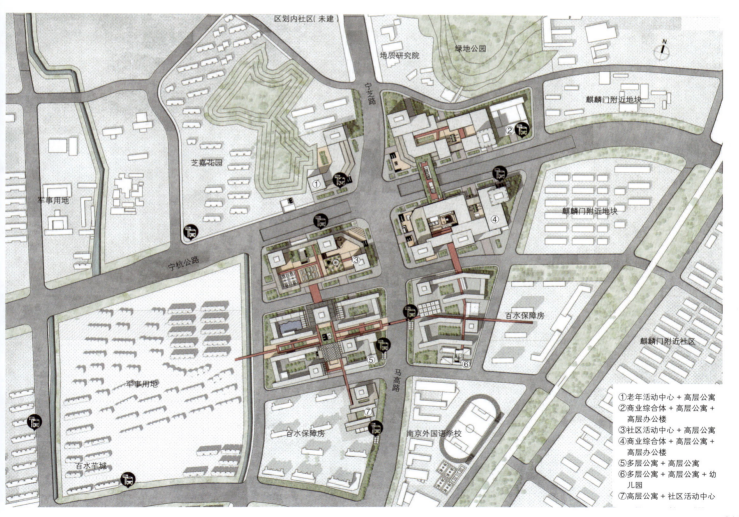

① 老年活动中心 + 高层公寓
② 商业综合体 + 高层公寓 + 高层办公楼
③ 社区活动中心 + 高层公寓
④ 商业综合体 + 高层公寓 + 高层办公楼
⑤ 多层公寓 + 高层公寓
⑥ 多层公寓 + 高层公寓 + 幼儿园
⑦ 高层公寓 + 社区活动中心

整体鸟瞰

功能划分

公共空间

周边景观

空间联系

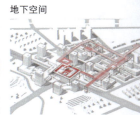
地下空间

第一层级

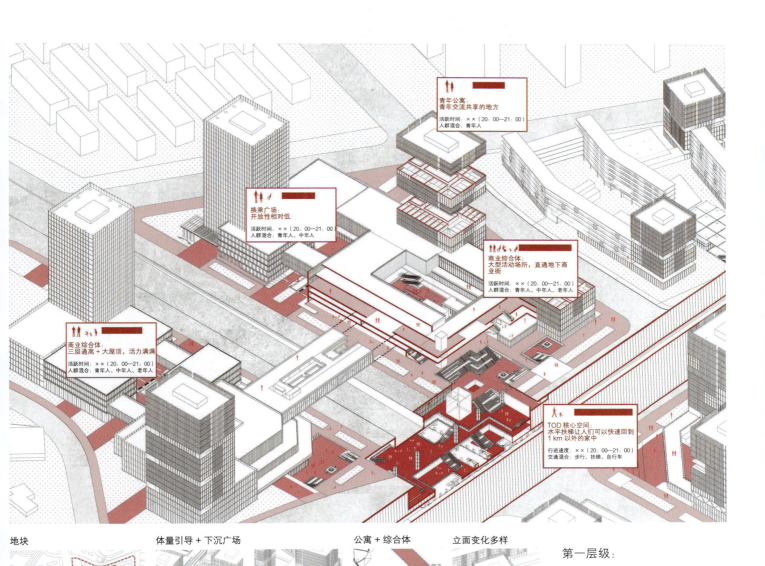

青年公寓：
青年交流共享的地方
活跃时间：××（20：00—21：00）
人群混合：青年人

换乘广场：
开放性相对低
活跃时间：××（20：00—21：00）
人群混合：青年人、中年人

商业综合体：
大型活动场所，直通地下商业街
活跃时间：××（20：00—21：00）
人群混合：青年人、中年人、老年人

商业综合体：
三层通高＋大屋顶，活力满满
活跃时间：××（20：00—21：00）
人群混合：青年人、中年人、老年人

TOD核心空间：
水平扶梯让人们可以快速回到1 km以外的家中
行进速度：××（20：00—21：00）
交通混合：步行、扶梯、自行车

地块　　体量引导＋下沉广场　　公寓＋综合体　　立面变化多样

第一层级：

开放度：
居住内部对商业部分开放。

混合度：
居民、乘客、工作人员等所有人群的混合。

地下站厅

与站厅接驳的下沉广场

内部下沉庭院

第二层级

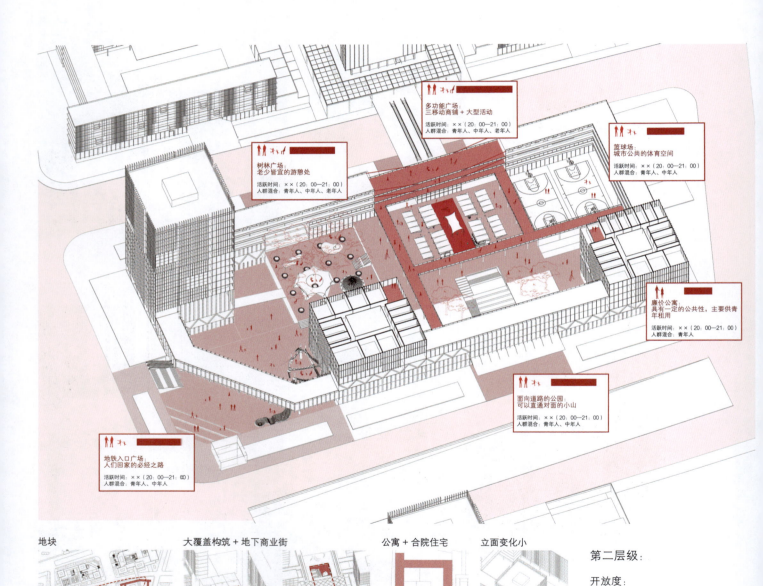

第二层级：

开放度：
住区活动空间对城市开放。

混合度：
居民内部不同年龄段的人群、工作人员的混合，居住与商业的混合。

社区活动广场

社区活动空间

第三层级

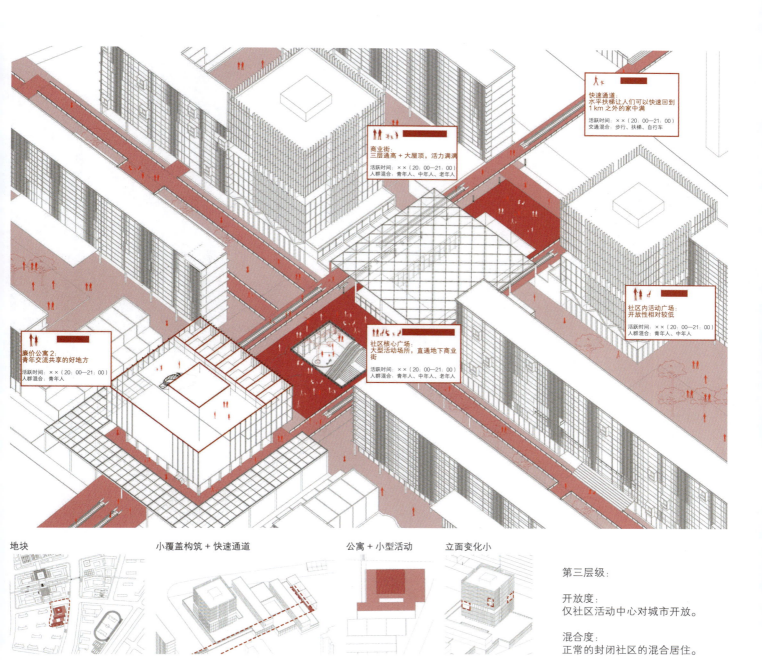

第三层级：

开放度：
仅社区活动中心对城市开放。

混合度：
正常的封闭社区的混合居住。

社区合院内部

社区活动空间

剖面

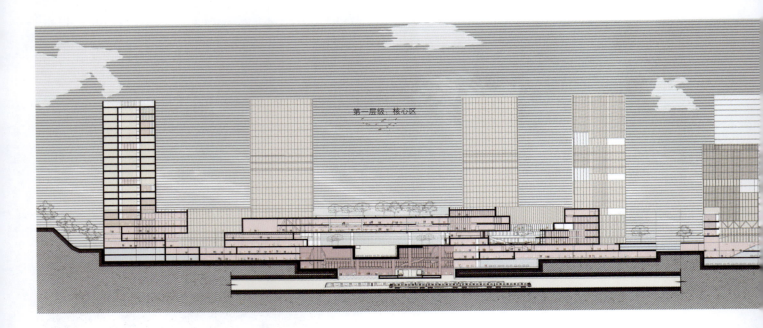

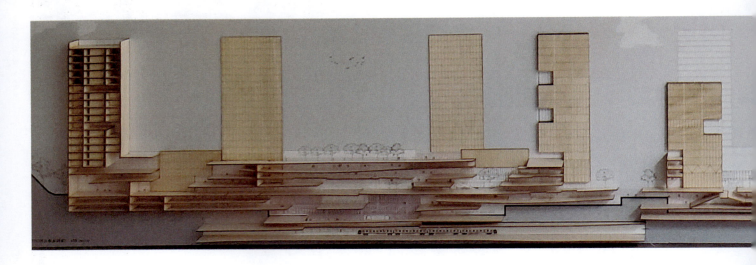

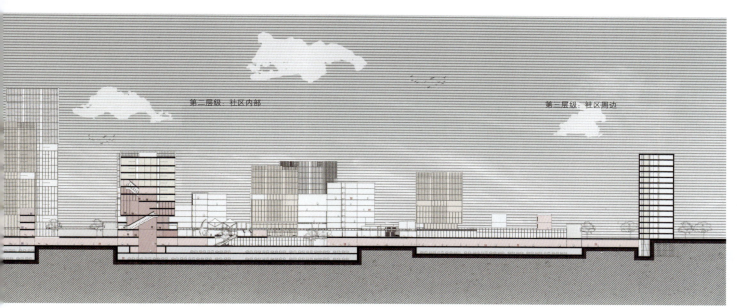

纵长剖面

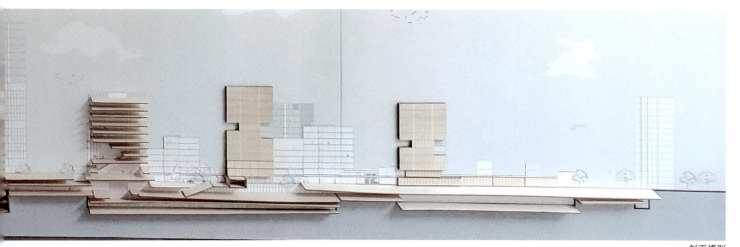

剖面模型

P+TOD

Jiaqi HAN
Yue LIAO

P+TOD

韩佳琪
廖　玥

剖透视效果图

1. 背景

2017年，国家发展改革委提出推动轨道+物业、轨道+社区、轨道+新城开发模式，中国逐渐步入了一个以轨道交通发展为导向的新时代；2020年，《国务院办公厅转发国家发展改革委等单位关于推动都市圈市域（郊）铁路加快发展意见的通知》（国办函〔2020〕116号）强调了市域（郊）铁路在经济社会发展中的作用，使得TOD引导下的近郊地区的发展成为重要的发展模式；中央城镇化工作会议提出的城镇建设要"依托现有山水脉络等独特风光，让城市融入大自然，让居民望得见山、看得见水、记得住乡愁"，强调了城市建设中自然生态的重要性；公园城市概念的提出更是引发了广大学者对于城市公园体系构建的讨论。

丰富的自然生态资源以及较大的交通量使得市郊站点在TOD建设中得到重视，国家对于自然生态环境的重视也意味着在市郊站点的建设中需要更多地考虑对于自然资源的保护和利用。

经过近40年的发展，TOD的建设模式由过去建筑设计主导的商业地产开发转向对于城市开放空间的关注，但在实际建设中仍存在重视物质环境、缺乏对人的健康及心理需求的关注等问题。

2. 研究内容

基于城镇建设模式以及TOD发展模式的改变，本次研究针对当前的TOD开发模式中存在的问题，结合市郊站点的生态资源，打造P+TOD的新模式，实现在公园中候车和购物，发挥自然生态在健康方面的天然优势，塑造有利于人们心理健康的环境。

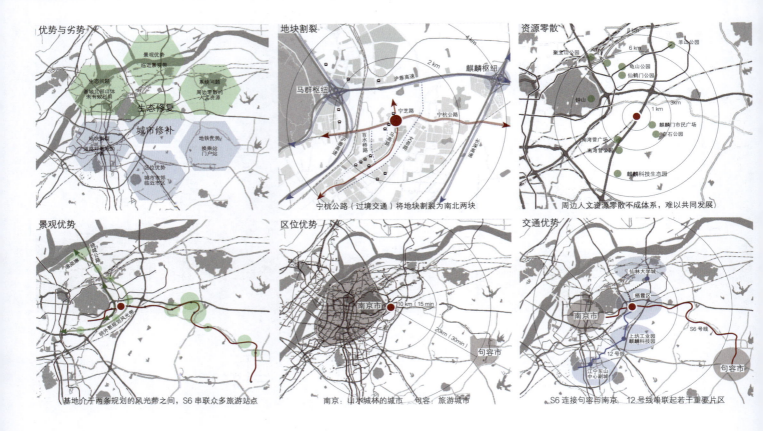

3. 基地分析

基地位于集山、水、城、林于一体的历史文化名城——南京。选址为栖霞区百水桥站（百水桥站是连接南京与句容的S6号线与南京地铁12号线的换乘站）。在上位规划中，地块及周边以生活居住和公共配套功能为主，并引导发展商业、商贸等第三产业。

在设计中，我们着重关注了基地有关城市性和生态性的两大主要特征。在城市性上，该地块具备临近市区的优越区位以及作为地铁换乘站和门户站的交通优势，但是下穿隧道以及大尺度过境交通对于地块的割裂问题也着实明显；在生态性上，基地景观优势明显，临近绕城公路景观带与明外郭规划风光带，基地北侧与两座小山体相邻，不远处的钟山风景区在基地处清晰可见，且S6号线规划了较多的旅游站点。然而，虽然周边有大量的人文景观资源，但却不成系统，彼此之间相互独立。

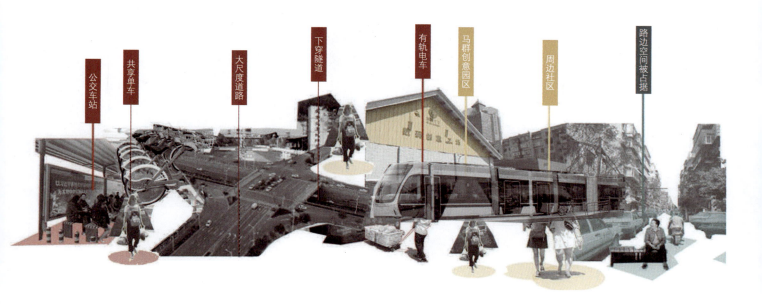

基地重要元素拼贴

4. P+TOD 概念

公园体系与TOD开发模式虽然是两个截然不同的复杂概念，但仔细研究后不难发现，二者在开放空间的关系、地上地下的衔接关系、慢行体系的关系这三个方面具有一定的共通之处。

1）在开放空间的关系上，TOD多以室内空间为主，但其作为公共性质的轨道交通，拥有十分重要的与城市相交接的开放空间；公园是完全对城市开放的公众共享的绿地开放系统，在某种程度上，公园体系对应到TOD开发模式中，可与城市与建筑的公众共享空间相契合。2）在地上、地下的衔接关系上，TOD有着人流乘车的上下需求，常常在地下空间有着较为丰富的高差变化；而公园大多以自然空间存在，高低起伏的地形更是多为常见。这就自然而然地导致TOD因为特有的高差而与公园产生，公园的地形地貌带来的场所和TOD的需求结合，形成具有公园基底的TOD场

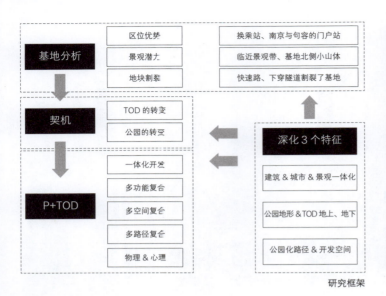

研究框架

概念模型

所。3）在慢行体系的关系上，二者均作为以步行为主的复合空间，慢行体系是关注和研究的核心。"快"与"慢"作为一对相互依存的体系，结合人们不同速率的空间行为需求，在 TOD 和公园中均细化为不同的层级。只是，公园体系更多地以游憩/慢速为主，TOD 模式更多以换乘/快速为主。

因此，在 P+TOD 模式中，强调二者共通之处的整合关系，具体来说就是以公园为代表的城市绿地系统和以 TOD 为代表的城市开放空间系统的有机整合、公园自然地形起伏与 TOD 中竖向交通需求的有机整合以及公园漫游路径与 TOD 高效换乘的慢行体系的有机整合。

5. 案例借鉴——二子玉川站

日本自 19 世纪后半叶以来便致力于以轨道交通为主的公共交通的发展，并逐步发展成为一个以轨道交通为中心的集约型国家。二子玉川站位于日本东京都有着"睡城"之称的世田谷区，距离东京都中心约 20 km，是一个典型的市郊站点。

二子玉川站是大井町线终点站，同时也是东急田园都市线上的重要站点。车站的核心开发区是一个东西向相对较为狭长的带形地块，长约 1 000 m，分三期进行建设，其北部依托日本的多摩川美丽的自然资源。1982 年以前二子玉川站东西两侧开发程度的差异较大，东侧为汽车教习所，基本上处于未被开发的状态，后经与当地居民的沟通，充分利用多摩川及国分寺崖线的丰富自然条件，将世田谷区二子玉川公园布置在基地的东侧，打造一个集商业、办公、居住、休闲功能于一体的二子玉川站。

二子玉川站作为日本一个典型的市郊站点有其自身的发展模式。

1）居住功能的考虑。作为发达国家之一的日本较早地面临了市中心居住紧张的问题，无力承担市区高昂房价的年轻人将环境优美且价格低廉的近郊作为理想的居住地，二子玉川站也是如此。在二子玉川站的设计中，靠近二子玉川公园的东侧布置了三栋高层住宅，满足了近郊的居住需求，同时可俯瞰近郊多摩川与二子玉川公园的美景。在靠近站点的西侧则混合置入大量商业和办公功能，满足日常工作和生活的需求。

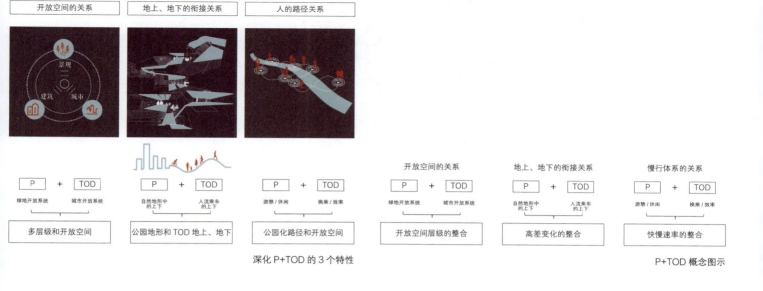

深化 P+TOD 的 3 个特性　　　　　　　　　　　　　　　　　　　　　　　　P+TOD 概念图示

2）自然资源的利用。二子玉川站充分利用其北侧的多摩川的美丽景色，在站台处即可直接观赏到多摩川的景色；商业部分的屋顶处可望向远处的富士山；距离站体较远的东侧地块则开发为绿地公园，优化了二子玉川站的整体环境。

3）通勤需求的满足。是否能够满足居住在近郊的市区工作者日通勤需求是市郊站点在建设中需要重点讨论的问题，二子玉川站是田园都市线和大井町线的换乘站，其中田园都市线连接涩谷与二子玉川。公交和出租车的停靠点位于站体和商业空间之间，基本上满足了无缝换乘的需要。

4）开放空间的营造。二子玉川站的开放空间自西向东如序列般展开，从位于站体西侧的站前广场开始，经商业、办公组团前广场及住宅所在地块的绿地广场，直至最东侧的二子玉川公园，视野逐渐开阔，在心理和视觉层面上形成从城市向自然的过渡。

5）立体绿轴的构建。上述外部开放空间由一条自西向东的立体绿廊串联起来，其中绿廊分为两个标高、三条路径。南北两条路径位于地面层，成为绿带街道，宽约 20 m，联系其各自的开放空间；中间一条路径位于第二层标高上，宽约 3 m。立体绿轴与屋顶绿化的结合，增强了不同标高的公园范围的体验。

6. 案例借鉴——成都行政学院站

成都行政学院 TOD 项目位于成都市近郊龙泉驿区，在上位规划中属于驿都大道绿带。但设计前的现状是基地被双向八车道的驿都大道割裂为南北两个部分，交通组织混乱，缺乏公共空间，造成绿带不延续，可达性差。针对这一现状，该项目提出"依托周边优越生态资源，着力打造公园式宜居宜业城和乐活体验商业综合体"。

在慢行体系上，该项目提出："构建生态区、绿道、公园、小游园、微绿地五级城市绿化体系，打造从家到车站的步行空间系统，将地上步行网络和公共空间多方位结合，为人们创造出人性化、舒适便捷的步行体验。"

进出站的流线结合公园设计，使得TOD完全处于"花园氛围"当中，绿地率高达45%。用"花园式"慢性体系将地铁、公交首发站、商业、地面、二层连廊统一起来，使人在不知不觉中游走于不同标高。

在地上、地下一体化开发中，地下设计地下街连通南北，地上利用景观大平台连通南北，于大尺度道路中央下挖"光谷"空间。在出站的各种路径中，结合不同标高的空间，设置了阳光站厅、生态下沉庭院、地下中庭、生态步行街道等。通过下沉庭院和地下中庭打破地下空间的封闭性，地下7 m和地下12 m标高处与下沉庭院直接相连，引入自然光和良好的通风，提高地下空间物理环境品质。

7. 模式总结

上述两个案例均为市郊站点的典型案例，在某种程度上，与"P+TOD"模式的目标不谋而合。我们从中总结出一些策略，将其应用到"P+TOD"模式中，具体包括生态立体慢行体系、连续多标高转换、引入自然通风和自然光线的地下空间。

（1）特性一：多层级和开放空间

在宏观架构体系上，将开放空间分为四个层级，根据不同层级下人们行为的差异，设计、总结相对应的规则，寻找其和空间形态之间的关系。核心目标是：逐步消解建筑边界，使其融入城市之中，呈现出高度开放、整合的城市性。

第一层级——城市尺度。让人远观，多以大的片状、集中式布局呈现；界面通透、空间连续，包括城市广场、基地北侧山地公园、街角空间、城市街道与城市绿道。第二层级——街区尺度。介于远观与切身体验之间，局

TOD 属性

- 轨道 + 公园氛围
- 多功能复合
- 地下光线空气的引入

TOD 公园的属性

Park 属性

- 城市生态功能
- 社会交往功能
- 休闲游憩功能

- 适当高密度开发
- 人流疏散公园化路径

概念的提出和逻辑框架

新的生活方式

新的地块混合模式

新的慢行体系组织方式

模式目标

部打破界面，大多位于与建筑、地下空间、换乘路径相结合的位置。第三层级——组团尺度和第四层级——建筑尺度。旨在让人切身体验，以小的点状分布的布局呈现，如将山的绿地蔓延到楼层中的某个地方。

四个层级的开放空间相互联结，形成一个完整的从核心到边缘、从底层标高到空中标高、从建筑的外部到内部、从人造公园空间到城市性空间再到自然景观空间以及与北侧自然山体相结合的体系。更为重要的是整个开放空间体系保持了自身的完整性，并在此基础上建立起与城市的联系，让市民能够便捷地往来并使用。

（2）特性二：公园地形和 TOD 地上、地下

通过中央"山谷"把地块统一成整体。基于以公园为纽带进行多标高转换的特点，将 TOD 本身具有的山谷打造成一个立体的生态公园，多向性的活动流向在这里创造出多种富有活力的空间，开放性的设计形成了多功能空间灵活植入的可能性，使这里成为市民运动、休闲、餐饮、购物的聚集地。整体看上去这里呈一种公园的状态，又解决 TOD 立体交通组织问题。在核心区，通过人造地景的处理改善基地南北两侧原先被下穿隧道割裂的现状，达到城市缝合的目的。宁杭公路和马高路两条大尺度快速路以及两条地铁线在"山谷核心区"中穿过，穿行而过的交通工具不再是消极的"黑色"设施，而成为城市的动态景观。

山谷的下挖将站台与站厅从黑暗的地下中解放出来，获得了阳光与空气，让人们在进站之初便可以感受到这个市郊 TOD 站点的自然特性。出站往北更多地呈现近郊的自然性，在这里人造坡地结合自然山体，建筑被"藏于"坡地之下，形成自然地景式的景观。北侧山体本身只有 20 多米高，但由于站台层位于地下二层，和人造坡地结合后，在视觉上增加了山体的高度。多种漫游路径的设置让人们在出地铁站时便自然而然地产生了爬山

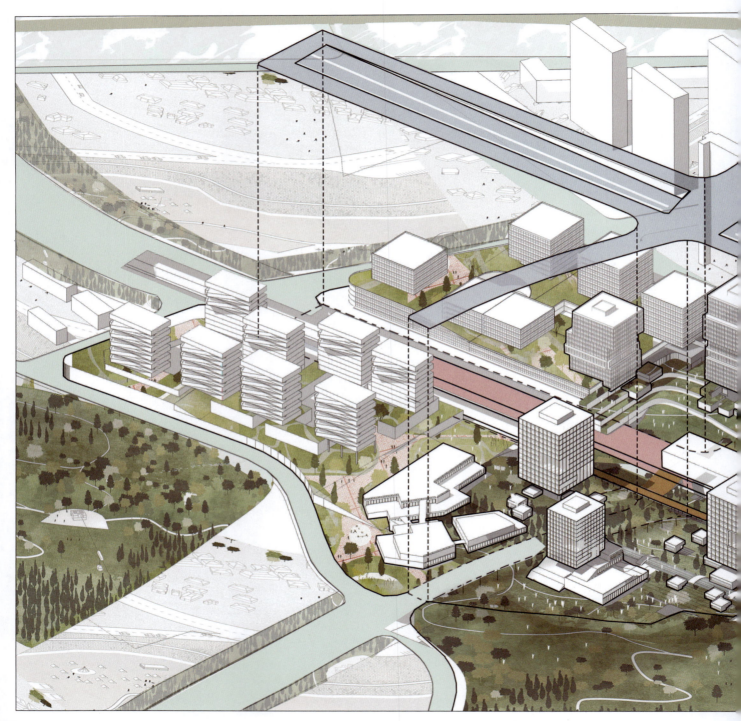

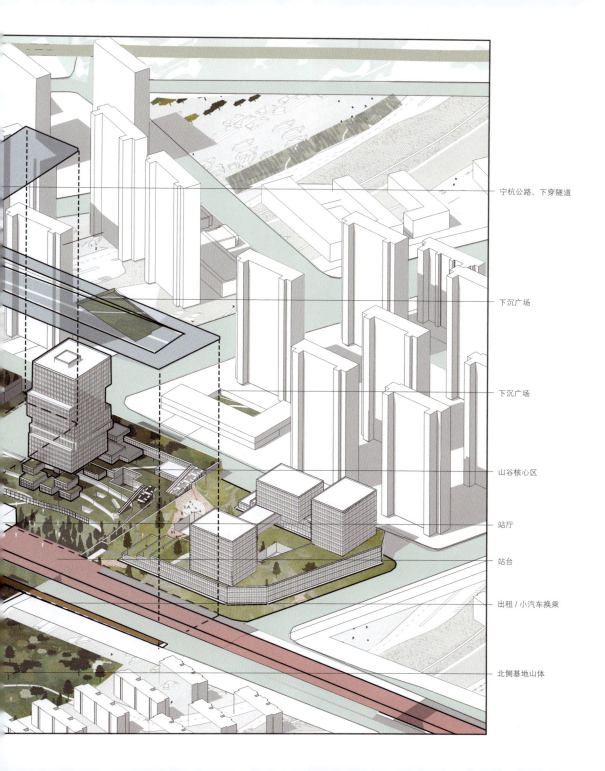

宁杭公路、下穿隧道

下沉广场

下沉广场

山谷核心区

站厅

站台

出租/小汽车换乘

北侧基地山体

开放空间四层级

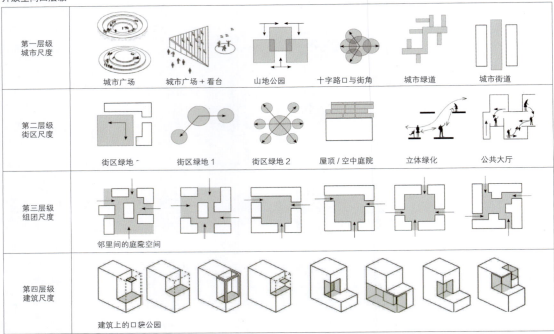

第一层级 城市尺度	城市广场	城市广场+看台	山地公园	十字路口与街角	城市绿道	城市街道
第二层级 街区尺度	街区绿地	街区绿地1	街区绿地2	屋顶/空中庭院	立体绿化	公共大厅
第三层级 组团尺度	邻里间的庭院空间					
第四层级 建筑尺度	建筑上的口袋公园					

图片来源：作者参考意向图片总结整理

建筑、城市、景观一体化

功能叠加

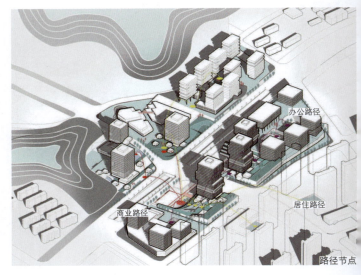

路径节点

未来畅想——"大公园"体系

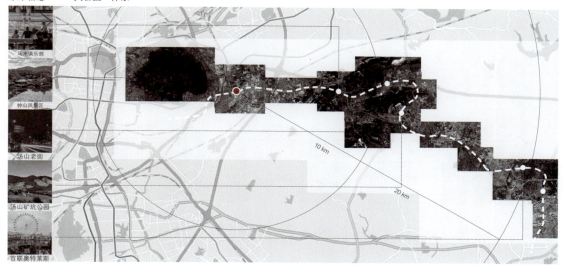

在未来，我们希望这个站点可以成为示范区，与 S6 号线多个旅游站点共同发力，组合成一条有魅力的近郊生活景观带，成为连接句容和南京的绿色廊道，建设更健康、更生态、更亲密的城市。

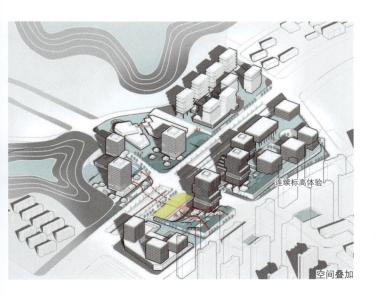

空间叠加

自然环境与心理环境叠加

模式图

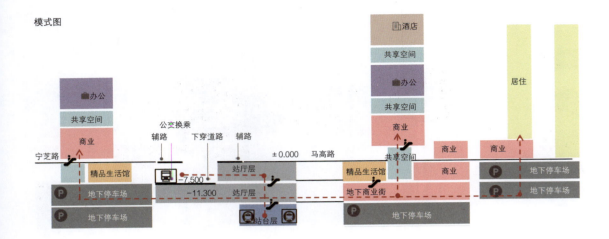

此外，TOD核心区因为"山谷"的存在，给地下空间带来了舒适的自然通风和采光。山谷式地下空间具有拔风效果，结合地铁行驶带来的风环境，可以带走地下大量废气，给地下商业、办公、大型活动等都营造了良好的空间环境。

山谷核心区通风分析

山谷核心区剖面图

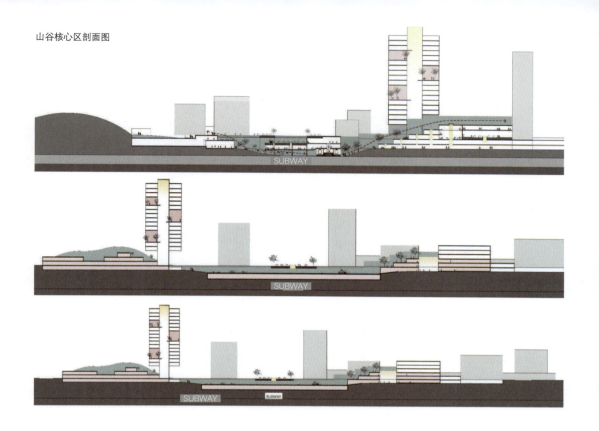

山谷核心区水循环分析

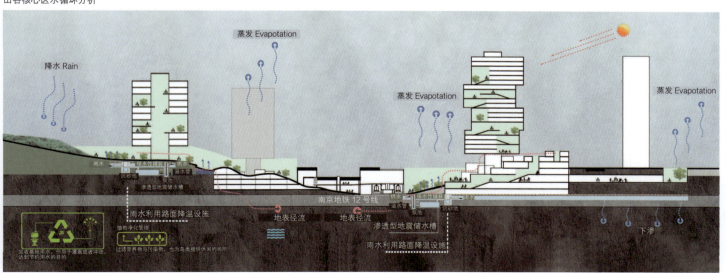

237

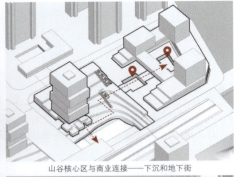
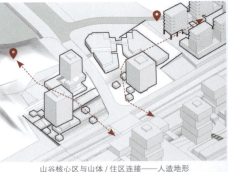

地下的森林车站——候车　　　　　山谷核心区与商业连接——下沉和地下街　　　　山谷核心区与山体/住区连接——人造地形

生态办公绿谷——憩　　　　　　　山谷核心区与办公连接——下沉和地下街　　　　山谷核心区与居住区连接——下沉和地下街

路径节点　　周边地块衔接

的体验。站台往南更直观地呈现近郊的城市性，利用层层退台式地下商业和裙房的结合，形成"山谷"隐喻的人工造景。山谷核心区则营造了公园开敞通透的氛围，同时尽可能地发挥地块的商业价值，除满足TOD的各种功能需求外，还用于举办马拉松比赛、歌舞剧、音乐会等大型活动。

将建筑融为"山谷"核心区体系主要采用立体分层的方式，形成上部分层式体验、下部共享式体验和垂直功能分区，并设置通天梯等便捷的通路到达不同功能的首层。架空的建筑底层面向城市开放，多位于北侧，有利于营造北侧地景和山体往下蔓延的效果。底层切口使用镜面材料，旨在使人看到映在镜面材料上的周边郁郁葱葱的景色，在视觉上减弱建筑的体量。接地的建筑底层模拟从自然山谷中生长出来的景象，多位于南侧。建筑虽然接地，但更多地将底层设计成若干像素化的近人尺度的"小盒子"，再往上则是大体量的高层建筑，二者之间生成冲突和对比的效果，"小盒子"可以作为花园式的办公、居住或者商业空间使用。

（3）特性三：公园化路径和公园化开放空间

公园漫游路径与TOD高效率换乘的结合，提供多样化的路径选择。我们

五种路径模式

人群分析

对不同人群及其活动时间进行了分析,将人群主要分为外来游客、原住居民、学生、办公人群等类型,不同人群之间有着不同的活动行为。基于此提出了五种路径模式,分别是直达路径、错位路径、相交路径、平面洄游路径以及立体洄游路径。

人群活动与自然地形充分结合,站点串联起不同的功能、空间、活动、流线以及随时可以进入地铁的路径,以此打造出可达、可游、可观的公园TOD,让TOD中各种不同类型的空间节点、功能都具有从公园进入的接口,实现"城市建在公园里,生活无处不公园"的目的。人们可以在南侧坡地上候车,可以在公园氛围中购物,也可以在核心区欣赏各种交通工具穿行的动态景观。

人们不用离开系统便可通达系统的每一处,这个系统将人、自然与城市有机地联系起来。不同的地铁出入口以不同的方式与城市相接,在站台层标高的山谷之下设置地下停车库,在站厅层标高设置地下商业街同时连通南侧居住区,加强地块与周边的联系,更好地服务于周边地块。更进一步地形成TOD旅游的设想:人们只要把这些口串联起来走一遍,就像游览公园、旅游一样,走累了随时下地铁回家。

六种人群流线

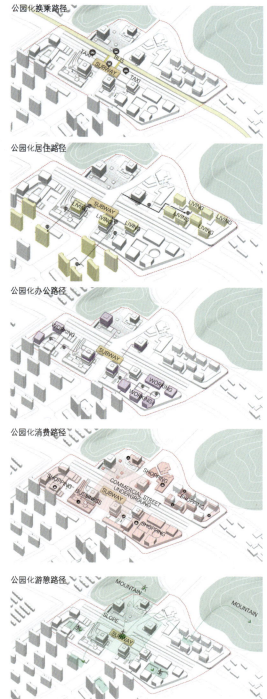

公园化换乘路径

公园化居住路径

公园化办公路径

公园化消费路径

公园化游憩路径

六种人群流线

总平面图

技术经济指标
用地面积：221 347 m²
建筑面积：304 782 m²
建筑占地面积：74 151 m²
建筑密度：33.5%
容积率：1.37
绿地率：47%

总平面图 1:2500

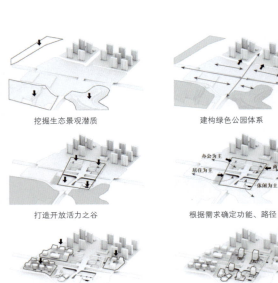

挖掘生态景观潜质　　建构绿色公园体系

打造开放活力之谷　　根据需求确定功能、路径

完善组团景观架构　　完善山谷核心区

山谷核心区与周边地块连接　　建构更大尺度的城市公园体系

体块生成

山谷核心区的道路景观要素

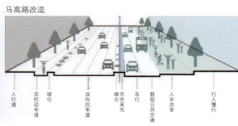

马高路改造

人行道｜非机动车道｜绿化｜双向四车道｜绿化天井采光｜车行｜鼓励公共交通｜人车共享｜行人慢行

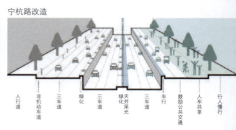

宁杭路改造

人行道｜非机动车道｜三车道｜三车道｜绿化天井采光｜三车道｜车行｜鼓励公共交通｜人车共享｜行人慢行

道路公共空间改造

城市尺度的"公园TOD"——山谷核心区

断面1

断面2

组团尺度的"公园TOD"

组团尺度的"公园TOD"

建筑尺度的"公园TOD"

手工模型

Shared TOD

Lizi TAO
Jie XU

共享 TOD

陶立子
徐　洁

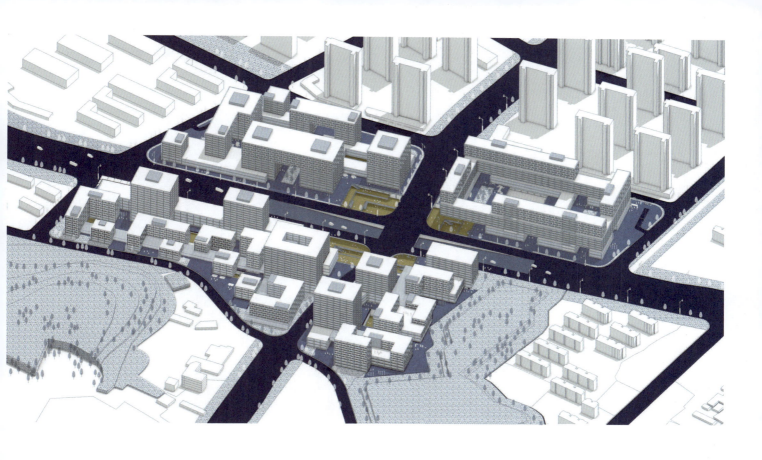

近郊区的快速发展变化，给未来人们带来对居住、工作、休闲用地需求的不断改变，用地功能存在置换的可能性。共享 TOD 概念的提出，即为了采用模块化方式，达到功能置换的目的，在城市、地块、建筑尺度实现不同的共享，将近郊土地资源利用最大化。本设计在地铁站点周围采用三种不同的建筑模式类型，每个地块内设置不同的功能混合度，以适应不同的人群需求，探索市郊轨道交通站点多种模式的可能性。

基地现状

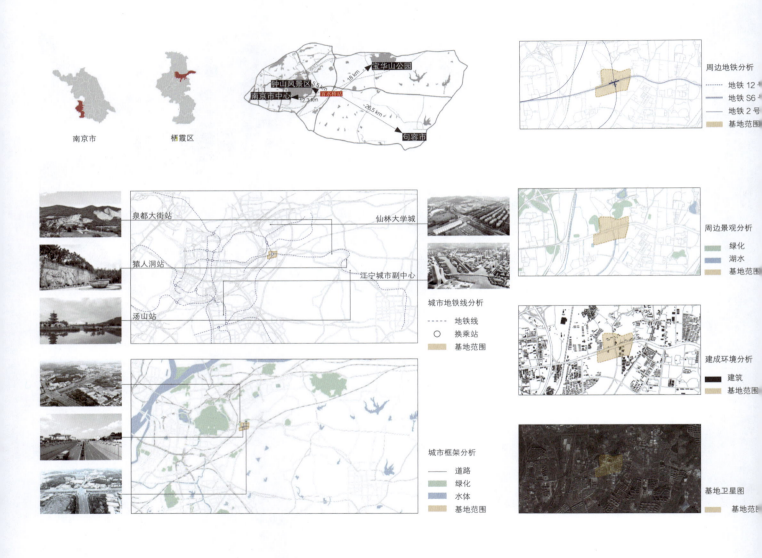

概念提出

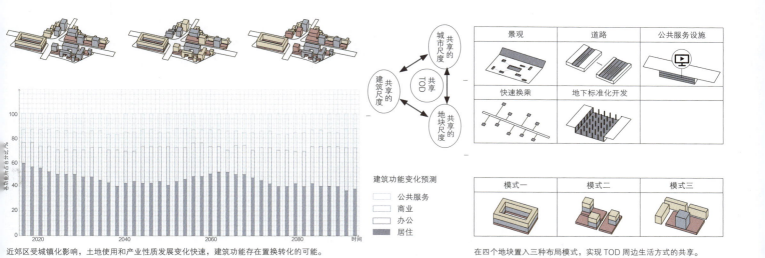

近郊区受城镇化影响，土地使用和产业性质发展变化快速，建筑功能存在置换转化的可能。

在四个地块置入三种布局模式，实现TOD周边生活方式的共享。

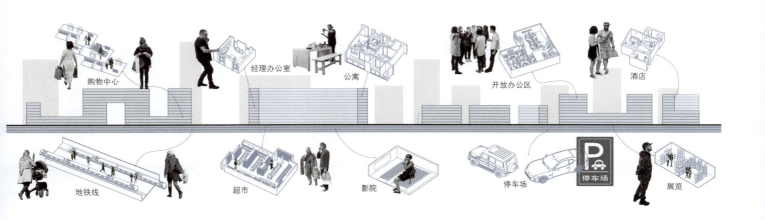

功能混合度研究

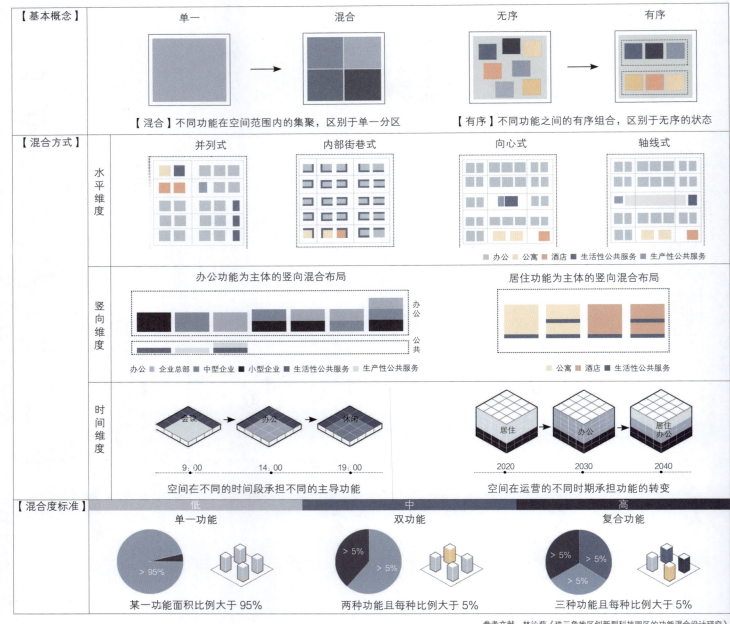

办公模式及尺度研究

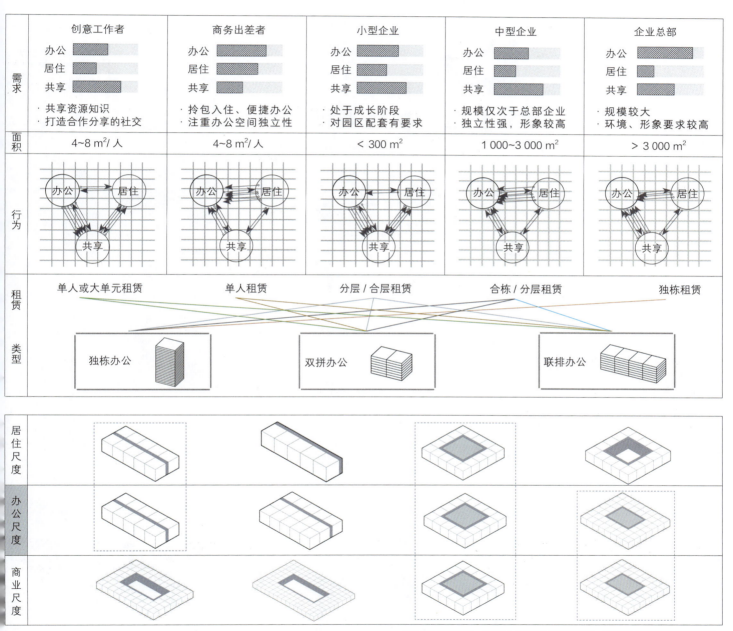

办公尺度适应性最强,因此地上开发以办公建筑为尺度,同时适应居住和商业功能的转换。

总平面

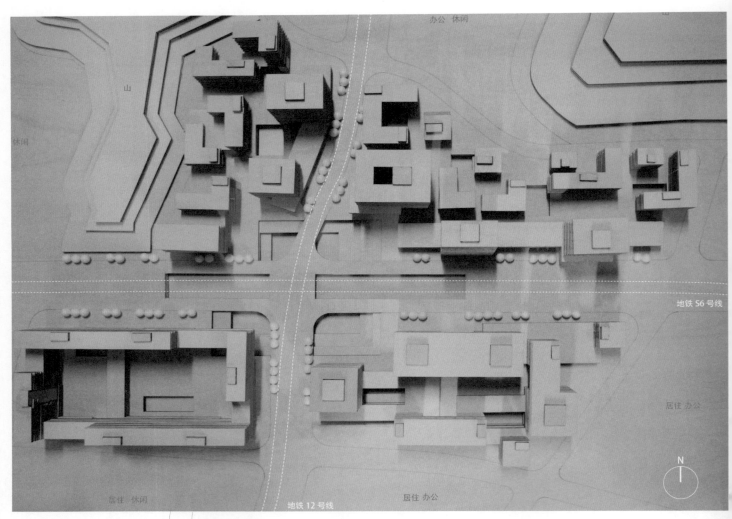

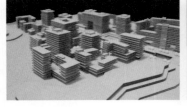
从西北处山看建筑

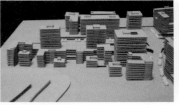
从东北处山看建筑

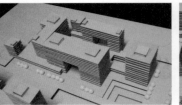
南侧地块鸟瞰

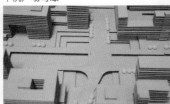
下沉广场鸟瞰

城市尺度共享

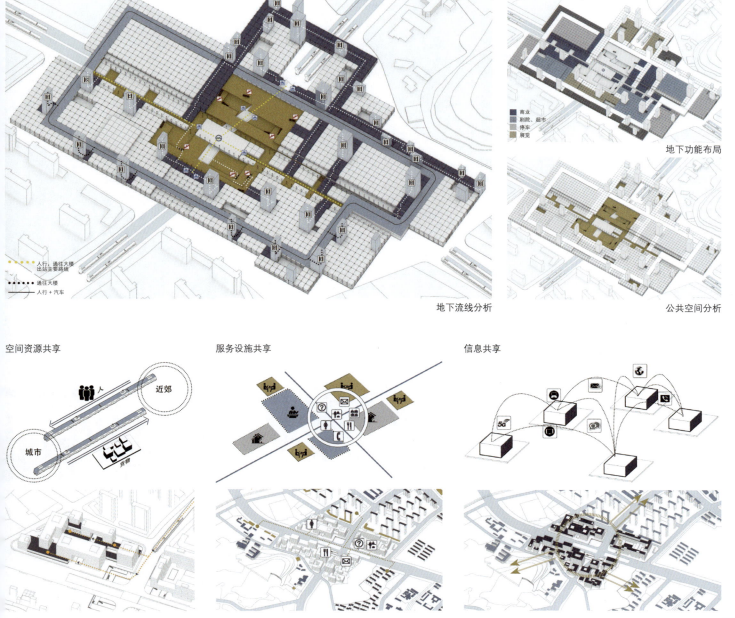

地块剖透视

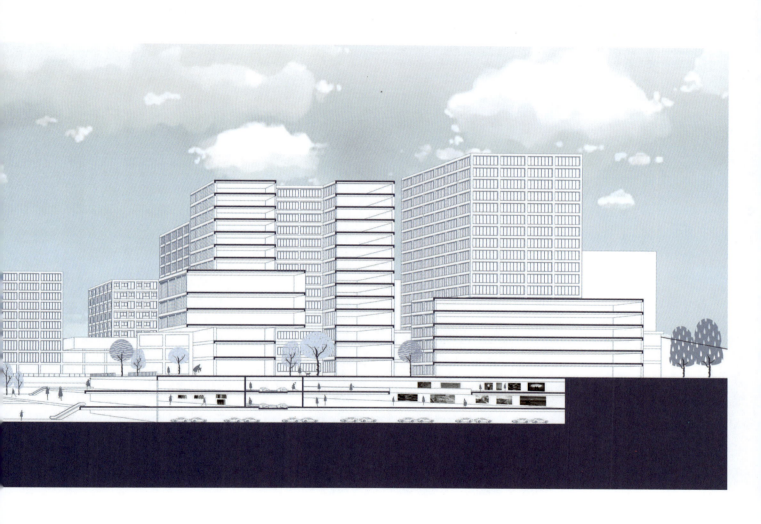

地块模式一

地块模式一使用集中式的地块组织模式，周围一圈布置交通核形成圈楼，中间无柱空间置入连接地上、地下的剧院。底层商业打断形成多个入口，中间层部分连续统一，上层的四个条形体量呈风车状布局。

对应之前的共享办公的研究，集中式的布局比较适合企业总部办公。办公、商业和居住的功能组织方式共有六种。地块内有两个下沉庭院为地下带来采光，其中一个下沉庭院完全被地下的道路穿越。

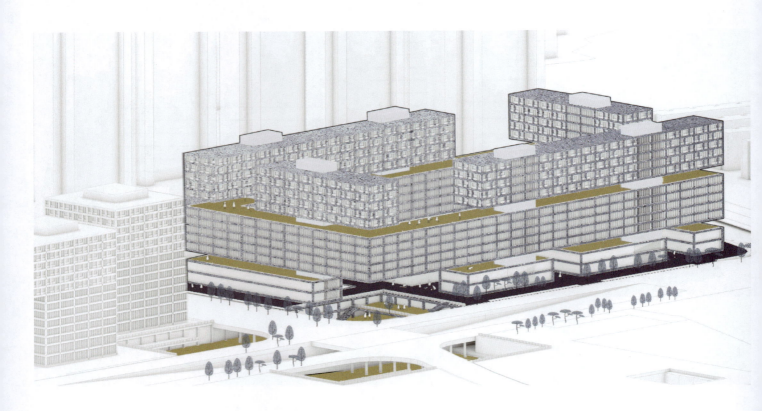

体块生成

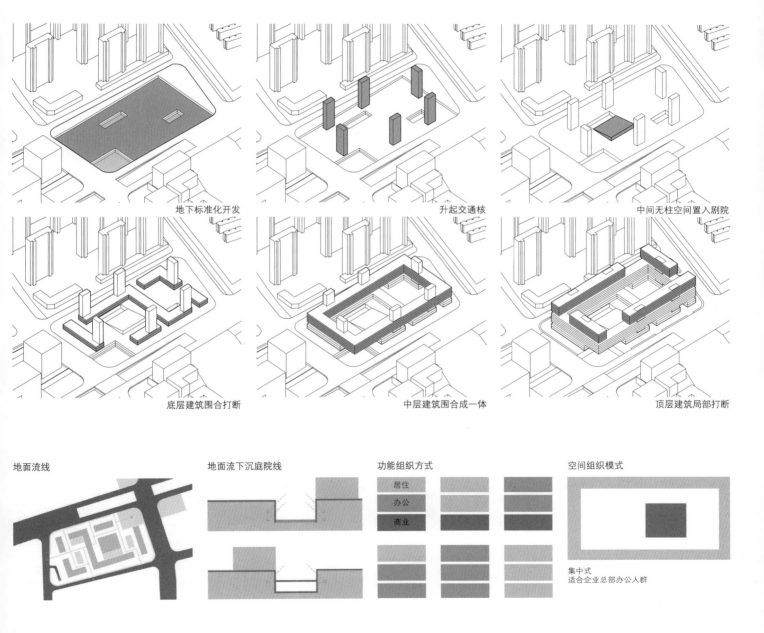

地块模式二

地块模式二使用组团式的地块组织模式,裙房和塔楼组合形成三个组团,组团之间通过建筑在空中连接。

对应之前的共享办公的研究,组团式的布局比较适合多个中小型企业办公。办公、商业和居住的功能组织方式共有四种。地块里有两个下沉庭院,其中一个下沉庭院有一半被地下的道路穿越。

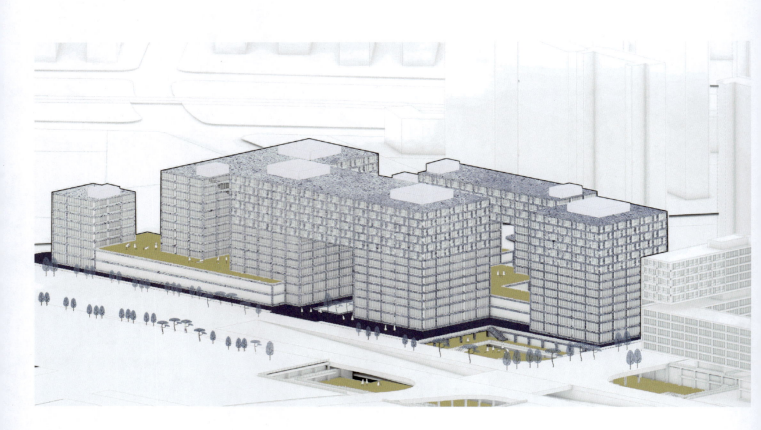

体块生成

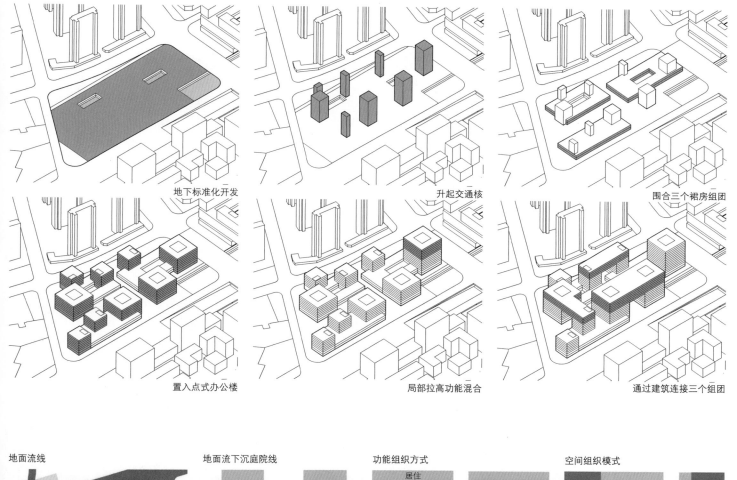

地下标准化开发　　　　　升起交通核　　　　　围合三个裙房组团

置入点式办公楼　　　　　局部拉高功能混合　　　通过建筑连接三个组团

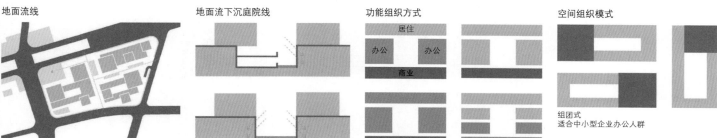

地面流线　　　地面流下沉庭院线　　　功能组织方式　　　空间组织模式

居住
办公　办公
商业

组团式
适合中小型企业办公人群

地块模式三

地块模式三使用分散式和组团式结合的地块组织模式，沿主干道设置裙房加塔楼，靠山的一边设置小体量的独栋建筑以保证景观视线。

对应之前的共享办公的研究，分散式和组团式结合的布局比较适合中小型企业办公人群和创意工作者。办公、商业和居住的功能组织方式共有四种。地块里有两个下沉庭院为地下带来采光。

体块生成

地下标准化开发

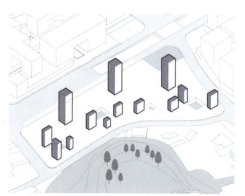
升起交通核

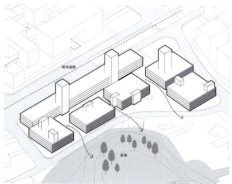
小体量应对景观

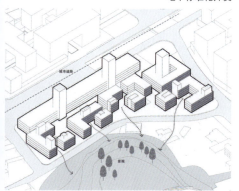
体量细化形成组团

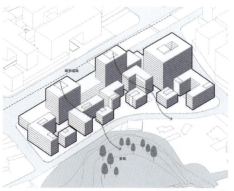
高差确保景观视线

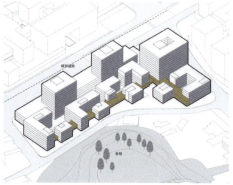
共享连廊串联组团

体量细化形成组团

地面流线

下沉庭院

功能组织方式 | 空间组织模式

组团式 + 分散式
适合中小型企业办公人群、创意工作者

功能置换单元平面图

	办公	居住	商业
3m×7m			
3m×9m			
6m×7m			
6m×9m			
7m×9m			
9m×9m			

平面布局模式透视

将地块所有建筑总结为十种模式
色块代表左侧表格中的可替换的平面布局
9m×9m 柱网

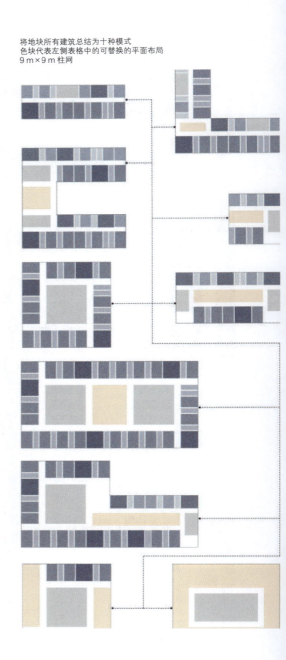

262

概念模型

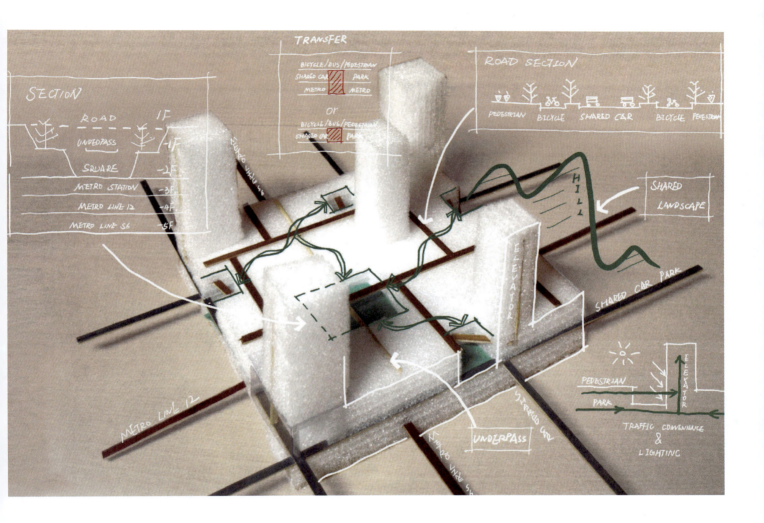

概念模型

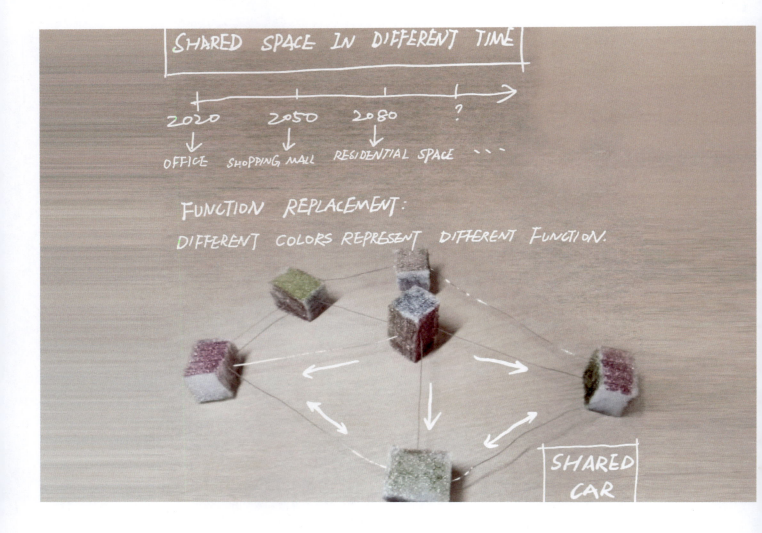

成果模型

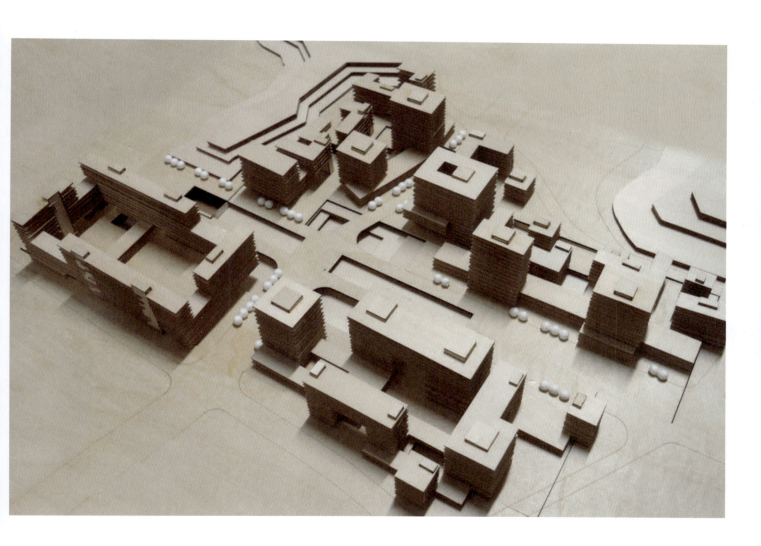

花　絮

指导老师

朱 渊
东南大学建筑学院副教授

叶如丹
AICO 创始董事、设计总裁

徐芸霞
特聘顾问

顾 越
特聘顾问

杨 柳
东南大学建筑学院 至善博士后

徐 栋
南京天华总建筑师

参课学生

王 浩

庞佳琪

李忆瑶

韦舒懿

邱健雨

许 娟

陈嘉逸

答辩评委

黄向明
天华集团董事、总建筑师

李 凌
空间站建筑事务所合伙人

邢佳林
南京市规划与自然资源局
城市设计与建筑管理处处长

吕克·纽兹 Luic Neouze
AREP（法铁）中国区总经理

刘潇云

廖彤瑶

廖玥

韩佳琪

罗梓馨

罗洋

徐洁

陶立子

李惠

潘佳慧

肖一鸣

方泽儒

编写人员： 许娟　刘潇云　罗梓馨

天华答辩

上海调研

二子玉川站点调研　　　　　六本木一丁站调研　　　　　多摩广场站调研

日本调研

吕克·纽兹老师讲座

吕克·纽兹老师讲座

课程答辩

杨柳老师讲座

徐芸霞老师讲座

李凌老师讲座

顾越老师讲座

朱渊老师讲座

2019级终期答辩

2019 级终期答辩

2020级终期答辩

2020级终期答辩

后　记

快速城镇化的发展，让 TOD 建设成为面向各种交通出行、节能减排、舒适生活等问题的重要途径。作为 TOD 的研究系列之一，市郊站点建设成为在都市圈发展中进行空间结构组织、活力提升、城乡互动的重要媒介与对象之一。在全球不同的国家制度与发展模式中，轨道交通站点建设下的 TOD 实践，在设计、建设、运营、管理等不同层面呈现了多元的发展模式。面向当下中国 TOD 的发展现状，各种地块权属、部门管理、规范限制、开发与建设的不同步等约束影响下的综合发展，使得轨道交通站点，特别是市郊站点的发展，无法在"站城融合""协同发展"等设计概念中全面实现。因此，教学的研讨希望在全球先进的理念研究的基础上，部分考虑这些特殊问题带来的设计与建设带来的挑战，探索其核心特质，面向未来，找寻理想 TOD 的发展模式。无论是站体模式、空间联系、动能共享、慢行优化还是地块模式等各种问题，均是源于 TOD 基本问题下超越了当下发展现状而聚焦于理想模式的探索。

在东南大学与天华集团三年来的合作中，课题持续聚焦于实践与研究之间共同关注的话题，尝试在校企之间的交流互动下，激发另一种火花的迸发。在每次课程的讨论与进程中，来自不同背景下的天华教学团队和东南大学师生之间的教学互动，让每次上课成为一次思想碰撞推进下的实践性研讨。这为课程不同触角下的发展携带了不同的基因，也由此形成了在被不断的批判和推进下深度的细微打磨与信息重塑的过程。

感谢两届选课的研究生对于市郊站点话题的兴趣与讨论；感谢天华集团专设教学研究基金保证了课程的调研、答辩、出版过程的顺利展开；感谢天华集团总建筑师黄向明、副总建筑师叶如丹对课程建设与开展的支持；感谢空间站（Space-Station）建筑事务所的李凌老师，每年不厌其烦的持续讲座介绍与答辩讲解让同学们和老师们受益匪浅；感谢日建设计（上海）陆钟骁董事长，日建设计轨道站点作品为同学们的调研与设计打开了思路；感谢法铁中国区总经理吕克·纽兹（Luic Neouze）先生给学生的讲座和评图指导；感谢天华集团设计团队的徐芸霞、顾越、徐栋等老师现场的耐心讲解与指导；感谢杨柳博士后的加盟为轨道交通站点教学带来数字化分析的发展可能；感谢南京市规划与自然资源局的邢佳林处长每次答辩为我们带来实践管控下的宝贵意见；感谢北京城建设计研究院南京分院的总建筑师漆宏在课程中为学生带来的指导；感谢天华团队为教学付出心血的各位朋友；感谢支持与关心轨道交通站点设计与课程的师生与朋友！

轨道交通站点的建设在不断地发展，众多学者在此领域已取得丰硕的成果。希望本书中教学的研讨点滴，可以适度地引发 TOD 研究领域中部分话题的持续讨论，让这些不成熟的想法在未来可以在城乡之间真正实现。

朱　渊
2021-08-26

图书在版编目（CIP）数据

市郊站点：轨道交通站点综合体空间模式创新研究 / 朱渊等著 . -- 南京：东南大学出版社，2021.12
 ISBN 978-7-5641-9897-8

Ⅰ.①市… Ⅱ.①朱… Ⅲ.①城市铁路 - 铁路站点 - 研究 Ⅳ.① U239.5

中国版本图书馆 CIP 数据核字（2021）第 258699 号

市郊站点：轨道交通站点综合体空间模式创新研究
SHIJIAO ZHANDIAN: GUIDAO JIAOTONG ZHANDIAN ZONGHETI KONGJIAN MOSHI CHUANGXIN YANJIU

著　　者：朱　渊　黄向明　叶如丹　杨　柳　等
责任编辑：戴　丽　魏晓平
责任校对：子雪莲
责任印制：周荣虎
封面设计：廖若微

出版发行：东南大学出版社
社　　址：南京市四牌楼 2 号
邮　　编：210096
电　　话：025-87393330
网　　址：http://www.seupress.com
电子邮箱：press@seupress.com
印　　刷：南京新世纪联盟印务有限公司
经　　销：全国各地新华书店
开　　本：889 mm×1194 mm　1/20
印　　张：14.5
字　　数：680 千字
版　　次：2021 年 12 月第 1 版
印　　次：2021 年 12 月第 1 次印刷
书　　号：ISBN 978-7-5641-9897-8
定　　价：98.00 元

* 版权所有，侵权必究
* 本社图书若有印装质量问题，请直接与营销部联系。电话：025-83791830